フォーカシング指向心理療法の基礎

カウンセリングの場におけるフェルトセンスの活用

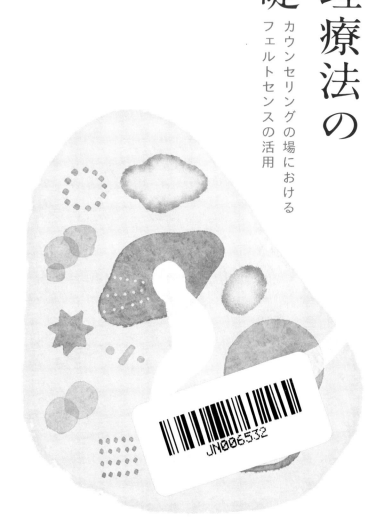

内田利広

創元社

はじめに

　私がこの本を書こうと思ったのは、フォーカシングというものに出会い、これまで心理臨床を行う中で、その感覚・体験は、人と人が出会って関わる際の、何か重要な領域を扱っているのではないか、と考えるようになったからである。そして、これまで多くの心理臨床家と接する中で、ますますこのフォーカシングのもつ豊かさと奥の深さを感じるようになったのである。

　私が初めてフォーカシングに出会ったのは、大学3回生の村山正治先生の授業であった。そのときの体験は衝撃的であり、今でもよく覚えている。村山先生の授業でフォーカシングの話を聞いて、その実際を見た時に、私の中でいつも感じていたこの“モヤモヤとした感覚”を、このように扱うことができるのか、そしてこれにはちゃんと名前があるのだ、という驚きを感じたのだ。それとともに、このフォーカシングは私の日頃の体験ととても馴染む感覚があり、むしろ懐かしいとさえ感じる体験であった。以後私は、村山先生のゼミに所属し、大学院生としてフォーカシングの体験を重ねることになった。村山先生との対話は、いつも内面との対話が繰り返され、哲学的で、実感のこもったリアルな言葉であり、まさにフォーカシング的対話であった。

　その一方で、大学附属の相談室でケースを担当することになり、スーパーヴィジョンの必要性を感じ、同じフォーカシングをベースとした臨床をされていた増井武士先生にお願いすることに

した。増井先生とのスーパーヴィジョンは、独特の雰囲気であり、私はその後には必ず調子が悪くなり、頭が朦朧となり、帰りのバイクでは、ボーっとしながら走り、よくスピード違反で捕まったものである。増井先生はスーパーヴィジョンのとき、ほとんど何も話されず、ただうなずきながら聞いておられ、たまに「そうなの」と返されるくらいであった。しかし、その場に居た私の感覚は、なぜか騒がしくなり、何かを感じていたが、それはなかなか言葉にできないでいたように思う。その頃、増井先生は学位論文を書かれており、その際に自分の言いたいことはなかなか伝わらず、分かってもらえないとつぶやいておられた。その後、増井先生の論文が本（『治療関係における「間」の活用』［星和書店、1995年］）になり、私は早速その本を手に取り、読み込んでいった。しかし、増井先生の言われることは、なかなか難解であり、どう理解し実践したらよいのか摑みにくいところがあった。ただ「間の相互性」という表現は何か魅惑的に感じ、その感覚を今も追い求めているところがある。本書でも、増井先生の論考を引用し、大きな影響を受けていると感じている。

　また、大学の相談室でケースを担当していた当時、相談室の助手をされていたのが吉良安之先生であった。吉良先生は、村山ゼミにおけるフォーカシングの先駆者であり、また臨床家としても憧れの先輩でもあった。吉良先生の臨床のスタイルは、まさにフォーカシングそのものであり、相手の体験にやさしく寄り添い、ゆっくりとそこから言葉が生まれるのを待つ姿勢は、まさにフォーカシングの臨床実践であった。吉良先生の書かれた『セラピスト・フォーカシング』（岩崎学術出版社、2010年）および『カウンセリング実践の土台作り』（岩崎学術出版社、2015年）は、フォーカシング指向心理療法の実践における大きな一歩であり、さらに心理

臨床の共通の土台となるものである。

　その後、私は九州を離れ、関西の大学に就職した。関西では、池見陽先生が、フォーカシングの研究・実践を、精力的にされておられた。私は、早速池見先生の研究会そしてワークショップ等に参加させてもらうようになった。池見先生は、アメリカのシカゴ大学で、フォーカシングを創始したジェンドリンから直接指導を受けた唯一の日本人であり、ジェンドリンの直弟子である。したがって、池見先生の話には、ジェンドリンとのやり取りが出てくることが多く、ジェンドリンはこう言っていたと聞く時、あたかもそこで池見先生とジェンドリンがやり取りしているような状況が生まれ、ジェンドリンが伝えたかったフォーカシングとはどのようなものであったかを垣間見ることができたのは、貴重な体験であった。また、池見先生は、そのジェンドリンの考え、意思をできるだけ正確に伝えようとされ、哲学的、理論的な視点から論考を深め、またその臨床実践においても具体例を提示して、フォーカシングの理論的、実践的発展を模索されていることに直接触れることができたのは、大きな刺激であり、本書執筆の一つの動機ともなっている。

　本書を執筆し、また臨床実践を行ううえで、大きな影響を受けた臨床家お二人を挙げておく必要がある。一人は、神田橋條治先生である。神田橋先生は、大学の相談室が開催していたケースカンファレンスに毎年のように来られ、直接お会いする機会があった。そこでの先生のコメントは、まるで雲の上から見られているようで、雷に打たれたような感覚になることがあった。神田橋先生のコメントは、その時クライエントは何を感じていたか、またそれをセラピストはどのように体験したかを、とても細やかに、そして深く感じ取っておられた。さらに、その感覚を言葉にする

際にも、どのような言葉、表現を使うかをとても重視され、これはまさにフォーカシングなのでは、と感じることが多々あった。実際に、神田橋先生の著作には、フォーカシングに関する記述（例えば『神田橋條治スクールカウンセラーへの助言100』［創元社、2021年］）がよく出てくるし、カウンセラーとして実践力を高めるうえで、フォーカシングを体験することを勧めておられる。精神分析家である神田橋先生が、フォーカシングという体験を重視し、学ぶことを勧められるのは、心理臨床の本質的なところにつながる何かがあるのではと感じており、私としてはその心理臨床の本質に、フォーカシングそしてフォーカシング指向心理療法の視点から取り組んでみたいという思いもある。

　もう一人の臨床家は、成田善弘先生である。成田先生とは、大学院の頃集中講義に来られた際に、お会いしたことがあり、とても柔らかで、やさしいという印象とともに、どこか凛とした強さを感じたことを覚えている。成田先生の書かれた『精神療法の第一歩』（金剛出版、2007年）に魅了され、自分の理想とする臨床家であり、指導をお願いしたこともあった。成田先生は、もともとはカウンセリングに関心を持ち、ロジャーズの理論を学ばれたということであるが、それがあまりにも崇高であり、実践にはなかなか使えないということで、精神分析に移られたということを聞いたことがある。先生の治療論は、確かに精神分析的な視点をベースとしているが、その内側の感覚に触れる体験やセラピストの中に湧いてきた感覚を言葉にして伝える（解釈）体験などは、まさにフォーカシングであると感じられた。また、ロジャーズが提示した臨床家としての必要十分条件である3つの態度（おそらく実現不可能ではと言われる）を、もっとも具現化されているのは、成田先生ではないかと感じている。

神田橋先生、成田先生は、いずれも精神分析家であるが、精神分析という枠に捉われることなく、真摯にクライエントに向き合い、そこでの自らの体験、感覚を大事にしながら臨床を実践されているように感じ、その中でフォーカシングに繋がるところがあるのではないかと私自身は考えて、多くの示唆・影響を受けながら、心理臨床の実践を行ってきた。

以上のように、多くの先達、先輩の影響を受けながら、私なりのフォーカシング指向心理療法の理解と実践を行い、今回本書にまとめることができたのである。

本書の内容について、簡単に触れておきたい。

第1章では、フォーカシング指向心理療法の基礎理論として、その起源から心理療法としての位置づけについて説明している。特にロジャーズとジェンドリンの関係について、自己一致という視点からの論考を行った。この章はかなり理論的、哲学的なところもあり、臨床実践を目指す人には、フォーカシングとはどのようなものであるか、そして「フェルトセンス」とはどのような感覚なのかだけ、押さえておいていただいて、次に進んでいただいてもいいかと思う。その際に、Aのエピソードが参考になるだろう。

第2章は、カウンセリングにおいて基本となる傾聴と共感について、フォーカシングの視点から述べている。臨床実践においては、基本となるところであり、ぜひ理解しておいていただきたいところであり、特に「フェルトセンス」を通して、対話場面において、どのように話を聞いて、理解していくのかを述べている。はじめに、クライエントの中で起こるフェルトセンスの感覚に、いかに耳を傾け、感じ取っていくかについて説明し、その後セラピストの中で起こるフェルトセンスへの関わり方についても、述べている。そして、そのクライエントのフェルトセンスとセラピ

ストのフェルトセンスの相互の動きを感じながら、面接が進んでいくことを理解していただければありがたい。また、この章の最後に面接場面でポイントとなる発言・態度を挙げており、そのポイントを見るだけでもフォーカシング指向心理療法の基本的な姿勢を理解していただけるのではないかと思っている。

　次の二つの章では、具体の事例を挙げて説明している。

　第3章では、実際に面接場面で、セラピストはどのようなことを感じ、どのようなタイミングで言葉を返しているのかを、具体的なエピソードでのやり取りという形で示した。面接場面のある局面において、生じるクライエントとセラピストのヴィヴィッドなやり取りを見ていただくことで、そこで何が起こっているのかを少しでも感じ取っていただければと思う。

　第4章は、具体の場面ではなく、心理面接過程の全体像、つまり面接開始から終了までの中で、フォーカシング指向心理療法においては、どのような流れをたどり、どのように変化して終結を迎えるのかを、1つの仮想例を挙げて詳しく解説している。フォーカシング指向心理療法の実際の流れや経過がよく分らない、という話を聞くことが多く、その疑問に答えるために、面接の経過全体を示している。もっとも、これはあくまでも例であり、いつもこのようになるというわけではないので、一つのイメージとして受け止めていただければと思う。

　そして、最終の第5章では、Q＆Aということで、フォーカシング指向心理療法を実践していくうえで、よく分からない、疑問であるというような内容を挙げてみた。素朴な疑問に答えることで、そのやり方の本質が見えてくるところもあり、疑問にはかなり丁寧に答えたつもりである。したがって、むしろ先にこのQ＆Aを読んでみて、そこからさらにもっと詳しく理解を深めたい

という方は、本文に入っていくということもありえるかと思う。

　最後に、本書の企画に対し、全面的に協力いただき、また的確な助言をいただいた渡辺明美様、創元社編集部の宮﨑友見子様には、心より感謝いたします。お二人の力がなければ、本書は生まれなかったと思う。

　多くの方に支えられ、また多くの先輩・同僚の影響を受けながらこの本が生まれてきたことにあらためて感謝し、皆さんと共有できればと願っている。

2021年　コロナ禍に見舞われた年末に

内田利広

目次

第2章 フォーカシングにおける傾聴と共感のエッセンス 53

第1章
フォーカシング指向心理療法の起源

1 | フォーカシング

1）フォーカシングとは

　フォーカシング（Focusing）とはどのようなものなのだろう。例えば読者の中には「特定のやり方で内側から身体に注意を向ける方法である」（Gendlin, 1996 / 1998, p.13）、「問題に関して身体で感じる違和感に注意を向けること」（Gendlin, 1996 / 1999, p.507）といった説明を聞いたことがある方もいるかもしれない。でも、これらの説明を聞いて、ピンとくる人は少ないのではないだろうか。「そうなのかな？」「なんかよく分からずもやもやするな？」と感じられる人がいるかもしれない。実はその "もやもや感" こそが、フォーカシングを理解する入口なのである。もう少し正確に述べると、そのもやもや感は、フェルトセンス（felt sense）と言われるもので、そのフェルトセンスに自分の意識を向け、フェルトセンスとの関わりを通して自分への理解を深めていくのが、フォーカシングなのである。

　つまり、フォーカシングとは、自分の内側にあるフェルトセンスに意識を向け、そのフェルトセンスとの相互作用を促していくこと

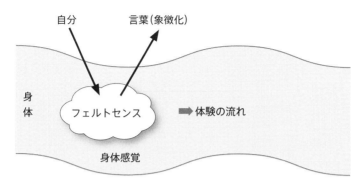

図1　フェルトセンスとの相互作用

である（図1）。

2）フェルトセンスについて

　次に、そのフェルトセンスについて、取り上げてみたい。フェルトセンスは、その人が身体の感覚として感じる、何とも表現しがたい「ざわざわする感じ」や「もやもやする感じ」のことである。このような感覚は、何か感じてはいるが「うまく言えない……」というような、なかなか言葉で表現したり、うまく伝えたりできないような感覚である。言葉にできないという意味では、フェルトセンスは**前概念的**であるといわれ、また何か言葉（概念）になるようなものを含んでいる身体の感じであり、「感じられた意味感覚」といわれる。つまり、フェルトセンスは、単に身体の感じというだけではなく、それ以上の何か身体の感じとして感じられる意味を含んでいるということである。

　このフェルトセンスは、すぐには言葉にできないが、何かありそうであり、**身体的な感覚**として感じられるものであり、**イメージ**と関連して感じられる場合もあるし、**感情**を伴って強い情動と

して出てくる場合もある。また具体的な**エピソード**を語る中で感じられる場合もあるだろう。つまり、面接の対話場面において、さまざまなイメージ、感情、具体のエピソードなどが語られる中に、フェルトセンスが含まれているという可能性がある。

　ではそのフェルトセンスは、どこにあり、どうやったら見つかるのか。フェルトセンスは、すでに皆さんの身体の中にあり、これまでもあり続けてきたし、今もあると考えられる。しかし、フェルトセンスに気づかないで、これまで生活してきた、というのがユージン・ジェンドリン（E. T. Gendlin）（Gendlin, 1981 / 1982）の考えである。ジェンドリンは、これまで人々の生活の中で生じていた自然なフェルトセンスの感覚とそれとの相互作用からなる内的行為の過程に、初めて名前をつけて、フォーカシングと呼び、その感覚との相互作用のプロセスに目を向けることの重要性を提起したのである。フォーカシングは、focus の動名詞であり、「焦点を合わせる」という意味がある。つまり、フォーカシングという内的行為はこれまでの生活において存在していたが、ほとんど気づくことのなかった体験の一部であるフェルトセンスに、焦点を合わせ、意識をそこに集めてみる、ということである。焦点を合わせるには、レンズの調整と同じで、その対象との距離が重要になる。フォーカシングにおいても、フェルトセンスに焦点を合わせる際の距離感は非常に重要であり、上手に距離を調整しながら、フォーカシングを行うことが必要である。

3）ジェンドリンの人格変化論
（1）抑圧モデルと内容モデルをめぐって

　フォーカシングおよびフォーカシング指向心理療法について理解するには、まずジェンドリンの人格についての考えを理解して

おく必要がある。

　ジェンドリンは、これまでの心理療法で言われてきた諸概念が、変化を説明するように考えられておらず、「人格諸理論における内容とか型は、その定義上、変化を表すことができないような種類の説明概念」であると指摘する。そして、人格はそれに変更を加えるかもしれない経験に対して、非常に柔軟であり、可塑性に富んでいるが、それゆえに「現在の経験をゆがめる傾向」も持つことになる。その可塑性によるゆがみによって、変化が期待されるときにも変化しない傾向として、つまり一貫性を保つものとして説明され、定義づけられてきたのである。

　その説明概念の共通した部分として、ジェンドリンは「抑圧モデル」と「内容モデル」を取り上げている (Gendlin, 1964 / 1999)。

　「抑圧モデル」では、人間は発達初期に、「家族との関係において、一定の仕方で感じ行動した場合にのみ愛されるという諸経験を通じて一定の価値を取り入れる」という考えを基にしている。子どもに向けられた「このような要請と矛盾した諸経験は"抑圧"され（フロイト）、"覚知化を否認され"（ロジャーズ）、"私ではなくなる"（サリヴァン）」のである。そして、後に人がこの種の矛盾した経験に出会うとき、彼はその経験を歪めざるを得ないか、あるいは全面的にその経験に気づかないままでいなければならないということである。つまり、抑圧モデルにおいては、自分自身でその抑圧された"矛盾した経験"に触れることはできないということであり、さらにその後、矛盾した経験に出会うとき、それは歪められ、気づかないようにされるということであり、変化はほぼ不可能になる。その一方で、心理療法のプロセスにおいて、過去において感じていたことをずっと知らずにきたことに改めて気づく際の顕著な体験の持ち方があり、いかに気づかれなかった諸経験が、強

力に人間の感情や行動に影響を及ぼしていたかを認知することができるのである。そして、抑圧モデルでは、抑圧された諸経験が、覚知（awareness）されることが人格変化であるという主張で、人格変化を説明しようとしてきたのである。しかし、ジェンドリンは、この決定的な「覚知化」がいかにして現実的に起こりうるかを説明する必要があると述べている。これこそがジェンドリンの理論の特徴であり、これまで言われてきた覚知、気づきのプロセスを、よりミクロのレベルで詳細に示そうというものである。

　ジェンドリンは、もう一つの変化の説明を妨げている要因として、「内容モデル」を挙げている。ここで言う「内容」とは、人格がさまざまな内容（content）から成り立っているという見解である。つまり、人格を「定義された実態」と捉え、その内容そのものが変化する、あるいは内容の性質が変化する、ということで説明される。しかし、そのように説明するためには、内容が変化しうるような種類の定義をさらに生み出さないといけない。つまり、人格をある構成体として理解すると、その内容が変化することを説明することは不可能であり、その変容の説明概念を持っていないということである。そこで、ジェンドリンが注目するのは、内容上の変化がいかにして、どのような条件の下に、どのような過程を通じて生起しうるかを説明できる人格変数である。そして、それはフォーカシングという体験を通して感じられるフェルトセンスであり、そのフェルトセンスへの意味づけ（概念化）こそが、内容の変容につながると考えているのである。このように、ジェンドリンの理論では、人格というものを、ある構造を持った一定の形というもので捉えるのではなく、常に流れている体験過程の一側面としての概念（自己概念）として捉え、フォーカシングの体験により、変容しうると考えているのである。

(2) 体験過程

　では、フォーカシングとは、どのような体験であるかを説明する前に、その基礎理論である体験過程について、理解しておこう。

　心理臨床において体験という言葉は、非常に多様な意味を帯びており、その全体像を把握するのは難しい。ジェンドリンは、われわれが日常生活において見聞きし、思ったり考えたり、感じたりする体験のすべてを「体験過程（Experiencing）」と表現し、一つの過程（process）であることを示している。つまり、体験過程は、「体験すること」または「体験していること」という心理学的な事象であり、過程という枠組みによってみられたすべての体験を指し、具体的な心理学的事象であり、まさに進行している種々の事柄の一過程である。体験過程は一つの感じられた過程（a felt process）を意味し、内部的に感覚され、身体で感じられた諸事象ということである。つまり、体験とは誰しもが覚知できる（これは、感じることができる、あるいは、気づくことができるとも言える）ものであり、常に人の身体の中に流れているものである。さらに、ジェンドリンは「人格あるいは心理学的事象を構成している具体的な『中身』はこのからだに感覚され、感じられる流れである」（Gendlin, 1964 / 1999）と述べている。

　私たちは、日常の中で経験する多くの体験が積み重なって、自分なりのものの見方や考え方を形成し、人格が形成されていく。これまでのその人の体験したことの蓄積により、体験の仕方は人それぞれに異なってくるのである。同じような状況、同じような場面に接しても、その体験は人によって異なってくる。ここで大切なのは、体験の内容が異なるのではなく、体験の"仕方"が異なるということである。これは、前述の人格変化における抑圧モデル、内容モデルともつながるところであり、人それぞれで異なる体験

の仕方（体験過程の様式*［manner］）があり、人それぞれで異なる体験の流れ、さらに体験過程の様式によって、その人自身の心理学的事象（人格やその病理など）は生まれてくるというものである。

　そして、その体験の流れは、象徴化によって意味づけが行われることで、初めて言葉として理解できるのである。しかし、フォーカシングで大切なのはその象徴化により意味づけが行われる前の段階である。ジェンドリンはこれを、「暗々裡の（Inplicit）」（Gendlin, 1964 / 1999）という言葉で表現している。人は誰しも暗々裡の体験をしているのである。私たちは、言語的象徴化抜きに、感じられた意味（felt meaning）だけを持つことがあり、言語化を行わずに、ある事象、ある知覚、あるいは「これ」という言葉でしか示せないような体験を感じることがある。これがジェンドリンの言う「暗々裡の体験」だ。そして、私たちの体験には、「明示された」意味および「暗々裡の」意味のいずれもが含まれており、たとえある体験の意味が明白であり、言語化されても、その体験にはそれ以上の感じられた意味が含まれており、言葉で明示されたことよりもはるかに多くの暗々裡の意味を含んでいるのである（**図2参照**）。

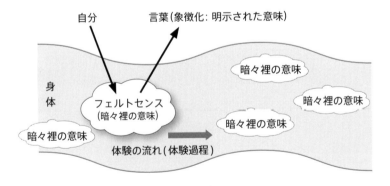

図2　フォーカシングにおける「暗々裡の意味」

4）暗々裡の体験とリファー

　暗々裡の体験には、まだ言葉にならない（象徴化されていない）暗々裡の意味が含まれているとともに、もう一つ重要な機能がある。暗々裡の体験は、過去の体験を含んでいるということである。人が、今まさに体験している状況について述べるとき、その言葉は、その場で観察し、体験し、言葉にしようとしている事柄について、今感じられた意味から生じるものである。そして、この感じられた意味は、その人の体験の流れ（体験過程）の中から象徴化されたものであり、これまでの多くの体験の流れが含まれることになり、それがまさに今暗々裡の機能として、ここに現れようとしているのである。例えば、面接の場において、クライエントが学校に行けずに、家に引きこもっていた体験について語っているとしよう。クライエントはそのころの状況を語りながら、自分の中に湧いてくる感覚を感じ、それを「人に会うのは本当に怖い」と語ったとする。これは、単に当時を思い出し、そのときからすでに「人に会うのが怖い」と感じていたわけではない。その当時も何か感じるものはあった（暗々裡の意味）が、それはまだ象徴化されず、言葉になることはなかったのであり、思っていたが誰にも言えなかったというわけでもない。クライエントはその当時も学校に行けないことで何かよく分からない体験をしていたが、それはまだ言葉になることなく、ただ悶々とした感覚として流れているだけであった（暗々裡の体験）。それが、今この面接という場の状況において、そのころを思い出しながら、その感覚が今まさに体験として流れており、暗々裡の体験としてその流れを感じ、その感覚に意識を向け触れることで、初めて「怖い」という言葉として象徴化されたのである。そして、そのとき初めて、「あー、あのころは人が怖かったのだ」と言葉にすることで、過去に遡って当時の

認識に変化が生じるのである。つまり、私たちの過去体験は、暗々裡の機能を通して、今ここにあるのである。これは、今この状況での体験過程の推進により、過去の体験自体が変化するということである。

　体験過程の推進に関して、ジェンドリンが注目したのは、内的に感じられた感覚に直接に注意を向け、それにリファー＊（照合［refer］）することである。このリファーは、フォーカシングにおいて非常に重要な機能であり、人が変化することに関する画期的な視点である。つまり、体験は多くの過去体験を含みながら、暗々裡の体験として常に流れている。通常はその流れに目を向けたり、触れたりすることは少ないが、フォーカシングにおいては、その体験の流れにダイレクトに注意を向けることで、体験と概念（象徴化）との間に相互作用が生じるのである。

　体験から生じる「暗々裡の」意味と、象徴化により「明示された」意味とは、本質的に別々のものであり、同じものではない。もし同じだとすると、明示された意味が、すでに暗々裡に感じられた意味の中にあるということになるが、それは正しくない。もともとそこにあったものが明示されたということではなく、リファーにより注意を向け、体験との相互作用が生じることで初めて象徴化され、形成されてくるのである。体験過程における暗々裡の体験は、多様な意味を含んでいるし、かつそれはリファーされることで次々に明細化されていくのである。このように私たちは、さまざまな状況を生きており、その体験は身体を通して感知され、リファーにより象徴化、言語化されることで、初めて体験として完了し、概念（理解）が形成されるのである。したがって、暗々裡の体験は、未完了の体験であり、前概念的であり、多様な感じられた意味を含んでいるのである。そして、暗々裡の体験が言語

との相互作用を起こし、象徴化されるときに、体験過程は推進され、明白な意味が形成されてくるのである。

5）フォーカシングのステップ

　ジェンドリンは、フォーカシングを学ぶ基本的な手引きとして、フォーカシング簡便法（Focusing short form）という、6つのステップを提示している（Gendlin, 1981/ 1982）。フォーカシングは、これまで述べてきたように人の心の中で生じる一連の流れであり、切れ目なく続く体験のプロセスである。ジェンドリンは、一連の流れを分解していくつかのステップを示したことについて、「まだ一度も試みたことのない人たちに教えるのに有効だ」ということがこれまでの経験で分かってきたと述べている。確かに、フォーカシングをまだ知らない人や本で読んで理解しているだけの人に、言葉で教えて理解してもらうのは、かなり難しい作業である。

　これは、柔道の練習にも似ていて、柔道について本で読んで、初めて体験する人に「では試合を始めてください」と言っても、何もできないだろうし、自分だけではどう動いていいか分からない。そこで、柔道では、まず組み手の仕方、足の運び方、相手との間合いの取り方、そして投げ技のやり方、投げられたときの受け身、というように、それぞれの動作をばらばらにして、一つずつ練習することがある。しかもその練習は、同じような型や動きを反復して、何十回も繰り返して行う。そうすることで身体がその動きを覚えて、試合ではほぼ切れ目なく、一連の動きとして技を行えるようになる。

　フォーカシングの6つのステップもこれと同じで、本来は一つの流れであったものを、初めての人でも分かりやすいように、あえて細かく分解して、ステップごとに、どのような教示法があり、

どのようなことに留意しないといけないかをまとめたものである。フォーカシングの練習では、初めはこれらのプロセスが独立したものと考えられたり、機械的、操作的だと感じられたりすることもあるだろう。しかし、6つのステップによるフォーカシングの体験を繰り返し行うことで、その流れは少しずつ滑らかになり、切れ目の部分は見えなくなっていく。さらに、基本的な手引きで示された教示法も、練習する中で自分なりに表現を工夫したり、より柔らかくその場にフィットした表現に修正されたりしていくのである。これは武道などの練習でいわれる「型から入って型から出る」というものであり、最終的には、自分なりの型、やり方が生まれてくることになる。したがって、フォーカシングといっても、人によってやり方は少しずつ異なっており、それは同じ柔道の試合でも、その人のスタイルによってまったく異なった試合になるのと同じである。

では、具体的にフォーカシングのステップについて見ていきたい。

ここでは、ジェンドリンの示した6つのステップと、その後ジェンドリンのやり方を修正したアン・ワイザー・コーネル（A. W. Cornell）（Cornell, 1994 / 1996）の5つのステップと5つのスキルを参考に、フォーカシングのステップで示される基本的な流れについて検討していく（**図3**）。

ジェンドリンの6ステップ、そしてコーネルの5ステップを通して、共通しているのは、大きく4つの局面である。

まず、最初の準備段階である。ここで大事なのは「**間**」を置く、ということだ。これはクリアリング・ア・スペース（clearing a space）と言われるもので、ジェンドリンが最初にフォーカシング、つまりフェルトセンスを招いたり、感じ取ったりするのに、心の中を少し整理し、意識を自分の内側に向ける、曖昧な何かを扱う作業

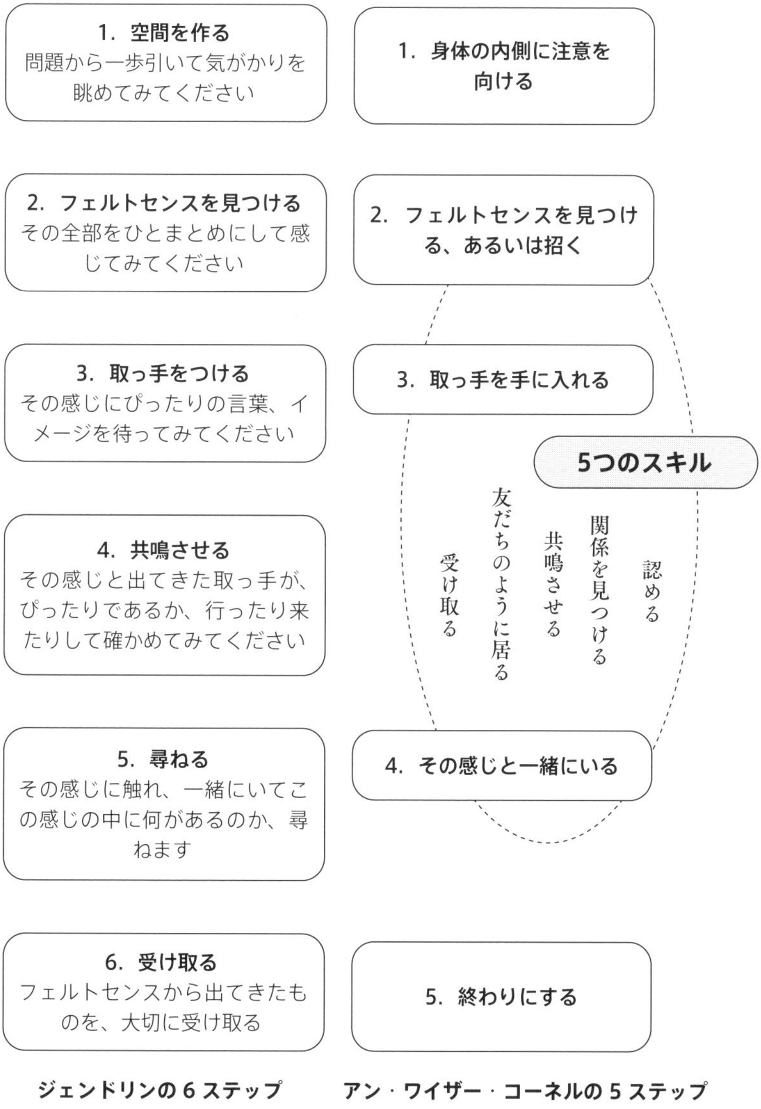

1. 空間を作る 問題から一歩引いて気がかりを眺めてみてください	1. 身体の内側に注意を向ける
2. フェルトセンスを見つける その全部をひとまとめにして感じてみてください	2. フェルトセンスを見つける、あるいは招く
3. 取っ手をつける その感じにぴったりの言葉、イメージを待ってみてください	3. 取っ手を手に入れる

5つのスキル

認める
関係を見つける
共鳴させる
友だちのように居る
受け取る

4. 共鳴させる その感じと出てきた取っ手が、ぴったりであるか、行ったり来たりして確かめてみてください	
5. 尋ねる その感じに触れ、一緒にいてこの感じの中に何があるのか、尋ねます	4. その感じと一緒にいる
6. 受け取る フェルトセンスから出てきたものを、大切に受け取る	5. 終わりにする

ジェンドリンの 6 ステップ　　　アン・ワイザー・コーネルの 5 ステップ

図 3　フォーカシングのステップ

を行うための空間を作ろうとするものである。「心の整理」と言われたり、「間を置く」と言われたりする。さまざまな気がかりと、ほどよい距離をとって接するというのは、フォーカシングを行っていくうえでは、重要な関わり方であり、この準備段階において、繰り返し練習を行う必要がある。また、この準備段階のもう一つの機能は、安心感・安全感を感じてもらうということである。これはカウンセリングにおいては、ラポールと言われるようなセラピストとクライエントとの間の信頼関係でもあり、クライエントが自分の体験に触れる際にもきわめて重要な役割を果たすことになる。したがって、この段階では、そのような安心できる関係性そして雰囲気を作っていくような関わりを身につけておく必要がある。

　二つ目は、**フェルトセンスを招き、感じる**ということだ。「招く」という表現が示すように、フェルトセンスをこちらが探しに行って、見つけようとする姿勢ではなく、こちらが玄関を開けて待っていると、向こうからやってくるので、それを迎え入れる、というイメージである。これは「自分の体験に開かれている」という表現でも示されるように、フォーカシングにおいてきわめて重要であり、また心理臨床のあらゆる面接場面において、人が変化するときに生じる現象にもつながる普遍的な要素であると考えられる。つまり、人の心の動きや変化は、能動的に動かそうと働きかけるよりもむしろ、さまざまな状況の中でやさしく触れ続けることで、自然に生じてくるものである。

　フェルトセンスを感じるのは、多くは自分の身体の感覚を通してだが、初めからすぐにそれを感じられるとは限らない。フェルトセンスは４つの側面を通して、招き入れられ、感じることができると言われている。それは、「身体感覚」「感情」「イメージ」「具体のエピソード」の４つである。フェルトセンスをどのように招

き入れ、感じるようになるか、を言葉で説明するのはなかなか難しく、多くの人がさまざまなエピソードを通して表現しているが、筆者としては、それは体験していただくしかないのではと思っている。つまり、自分でもまだうまく言葉で表現できないような、もやもやとした「前概念的な身体感覚」を、言葉や頭で理解するのは限界があり、むしろ頭（知性）を超えたところにあるのがフェルトセンスである。それを感じることは日常の感覚とは異なる体験で、日常の言葉では伝えられないと感じている。そこで、まずは「**フォーカシング・セッション**[注1]」に参加することで、自分の体験を通してフェルトセンスというものを体感し、その機能を感じることで理解することになる。

　三つ目の局面は、その**フェルトセンスと関わる**ということである。これについてコーネルは、5つのスキル、「認める」「関係を見つける」「友だちのように居る」「共鳴させる」「受け取る」、を提示している。この関わるというやり方には、多くのバリエーションがあり、その人なりの工夫が考えられ、関わり方の多様さが、面接場面におけるセラピストの姿勢と技能につながると思われる。

　フェルトセンスと関わるには、まずはその存在を認め、関係を見つけていくことになる。また、そのフェルトセンスを表現し、ぴったりとくるかを確かめることも必要となる。このように、フ

───────

[注1]　ステップの流れに沿ったフォーカシングの練習として、ある程度フォーカシングに熟練したトレーナー（国際フォーカシング研究所により認定されたフォーカシング・プロフェッショナルのこと）とペアになり、その教示（ガイド）にしたがってフォーカシングを行う体験学習的な実践の場のことである。これは心理的な支援を目的としたものではなく、あくまでもフォーカシングを体験的に学ぶ研修の場である。なお、フォーカシング・セッションにおいて、話し手としてフェルトセンスに触れていく人を"フォーカサー"、聞き手として進めていく人を"リスナー"または"ガイド"と呼ぶ。

ェルトセンスとの関係において、できるだけ距離を縮め、仲良くする、友達のように関わる、という姿勢が基本であり、そのフェルトセンスと交流を深めることが基本である。その際に、フェルトセンスに近づくのが嫌、見たくもないし仲良くもできない、と感じることもまた大切であり、「関係を持ちたくない」「近づきたくない」という関わり方もありえる。「関わりたくない」という関係も含めた意味合いで、ここでは「関わる」と表現している。

　最後の4つ目は、**終わりにする**、ことである。フォーカシングは、ここまでやらなければ終われない、ということはなく、本人の意思でいつでも、どの段階でも自由にやめることができる。また、練習で時間の制限もある場合には、時間を決めて終わりにすることもある。通常、1回のフォーカシング・セッションは、20 ～ 30分程度で行われる。フォーカシングは本人の意思でいつでも終わりにすることができるが、その終わりのプロセスはとても大切であり、丁寧に扱う必要がある。「今、ここでやめても大丈夫かな」というのを常に自分自身に問いかけて、十分に時間をかけて終わりにする。また、フェルトセンスは感じることができたが、うまく関われず「関わりたくない」という関係での関わりであったとしても、終わりにする際には、できるだけそのフェルトセンスに出会えたこと、少しでも交流がもてたことに、感謝をし、何か印になるものを付けておいたり、そこにあることを覚えていることを伝えたりすることで、そのセッション全体を包み込んでいくような体験になることがある。終わり方自体も、一つのフェルトセンスへの「関わり」であり、フォーカシングに対する基本的な姿勢である。つまり、このようなフォーカシング・セッションを繰り返すことで、フォーカシングの一連の流れ、フェルトセンスというものを理解するとともに、「フォーカシング的態

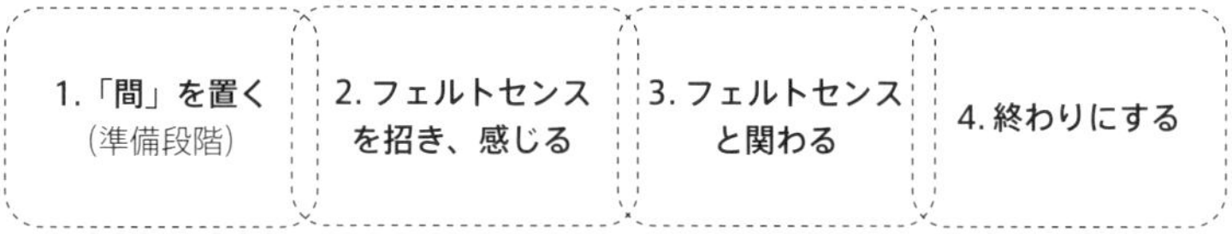

1.「間」を置く （準備段階）	2. フェルトセンス を招き、感じる	3. フェルトセンス と関わる	4. 終わりにする

図4　フォーカシングの4段階の流れ

度*(focusing attitude)」もあわせて身に付けることになる。

　以上の流れを図式化すると、**図4**のように示せる。

　フォーカシングを学ぶには、まずはフォーカシング・セッションによって、ジェンドリンの6つのステップ、あるいはコーネルの5つのステップをそれぞれ意識しながら学んでいくことになる。そして、次第にその境目は曖昧になり、大きくは4つの段階の流れを押さえ、やがてその4つの境目も重なり合いながら、一続きの滑らかな体験として感じられるようになる。つまり、フォーカシング・セッションを体験する中で、フォーカシングの基本的な言葉かけや間合い、距離感を体得し、繰り返しその声かけのタイミングやフェルトセンスとの程よい距離感を学ぶことで、自然にフォーカシング、つまりフェルトセンスとの相互作用を促す聴き方ができるようになるのである。そのうえでフォーカシング指向心理療法として、面接を実践することになる。ただし、フォーカシング・セッションとフォーカシング指向心理療法とは、基本的に異なるところがある。それは柔道と同じで、練習ではなく試合になると相手の動きがあり、練習のときのようにはうまく投げられないことがあるということだ。つまり、実際の心理臨床場面では、悩みを抱え、何とか解決したいと訴えるクライエントの生の動きがあるので、さらに複雑さが増し、その状況の中での瞬時の判断・動きが必要になってくる。

2 | ロジャーズとジェンドリンの体験論

1) ロジャーズにおける体験と自己

　ここでフォーカシング指向心理療法の本質を理解するために、ジェンドリンのフォーカシングの基になったカール・ロジャーズ（C. Rogers）の体験論について検討してみたい。

　ロジャーズにとっての体験とは、今この瞬間に感じられる感覚のすべてを含んでおり、またそれは、さまざまな可能性を秘めているものである。現在の体験は、この瞬間の直接的、感覚的な影響だけではなく、「過去における同じような経験から生まれてくる意味づけ」も含まれており、さらには「新しいものと古いものの両方が含まれている」（Rogers, 1964 / 2001, p.219）と述べており、人がこれまで体験してきたあらゆる経験が蓄積され、それは学習され、記憶に残り、保存されている。そして、この経験は「過去と未来の両方が、この現在の瞬間に入って」いるということである。つまり、今ここでの体験は、これまでの多くの経験が、この一瞬に凝縮されているということであり、さらに未来のことまでこの瞬間に入ってくるということである。「人が自分自身のなかに機能している潜在的な知恵との接点」（Rogers, 1964 / 2001, p.215）を失うことで、「自身の体験過程中で進行しているものと鋭く食い違っている」という指摘でも示されるように、体験の中には、未来の方向性も含んでいるのであり、それがうまく実現されないことで、体験の流れとの食い違いが起ってくるのである。この体験に含まれる未来性については、ロジャーズは、これ以上のことは述べていないが、この発想はジェンドリンのインプライング＊（implying）という概念でより発展していくことになる。

　さらに、ロジャーズは、クライエント中心療法における体験に

ついて、「個人は自分自身のなかに、自分を理解し、自己概念や態度を変え、自己主導的な行動を引き起こすための巨大な資源をもって」いると述べている（Rogers, 1986 / 2001, p.162）。これは、ロジャーズが、体験というものに絶大な信頼を置いていたということであり、基本的な人間の変化の基になっている「実現傾向 *（actualizing tendency）」を端的に述べたものである。そしてそのような変化をもたらすために「ある心理的に促進的な態度についての規定可能な風土が提供されさえすれば、これらの資源は働き始める（下線は筆者）」のである。つまり、ロジャーズは、人間の体験というものに絶対的な信頼をおき、実現傾向を認め、自然な変化、動きを疎外することなく促進するような環境があれば、人は変化していくと考えているのである。

　このような体験に関する理解は、ロジャーズの自己に関する理論ともつながっていく。日常において刻々と体験されていく自分自身についての知覚の総体を「自己概念」と定義し、その自己概念と実際の体験そのものとの不一致が、不適応であるとみなしている。つまり、人は、自分が日々の時間の経過の中で体験していることが、自分にとってどのような意味を持つのかを摑むために、自分自身に対してその体験を何らかの形で象徴化して、表現しているのである。そこで、ある体験がその人にとって、あまりに強い感情を伴って経験するものであったり、その人にとって理解できないような理不尽な体験であったりすると、その体験をうまく象徴化できず、意識化することに失敗したり、体験にそぐわない形で言語化されたりするということが生じてくる。そのために、ある体験は正確に自己概念として概念化されず、体験とはずれた形で概念化されることで自己と体験との間に不一致が生まれるのである。この不一致が大きくなった場合が、心理的な不適応状態

であるとロジャーズは捉えたのである。そして、その不一致の状態が、少しでも一致の状態に近づく、つまり自己概念とその人の実際の体験との重なりが増えることが、適応に近づくことであり、その結果人格の変容が起こると考えたのである。

　そして、その不一致を一致に近づける促進的な態度が、ロジャーズの3条件といわれる「自己一致（純粋性*［genuineness］）」「無条件の肯定的配慮」「共感的理解」である。中でも特に重要なのは、「自己一致（純粋性）」であると言われるが、それについてはまた後で解説する。

2) ロジャーズからジェンドリンへの発展

　ロジャーズが提示した自己理論は、次第に修正されるべき段階の仮説として提示されたものであり、さまざまな経験を通して変容していくものである。しかし、パーソナリティの変化を捉えようとしたロジャーズの自己理論は、パーソナリティそのものを「静止画的に実体であるかのように描いており、残念ながら変化そのものをとらえてはいない」（久能ら、1997、p.95）という指摘もあり、パーソナリティの変化を理解し、促進するには不十分であると考えられる。そして、その変化そのものに焦点を当て、緻密な理論化を行ったのがジェンドリンの「体験過程論」である。

　ジェンドリンは、これまでの人格変化に関する理論を「抑圧モデル」と「内容モデル」という視点（第1章2節参照）から批判的に検討し、人格変化に関する普遍的な二つの観察事実である「感情過程」と「パースナルな関係」を通して、「体験過程」という発想に到達している。この表現からも分かるように、ジェンドリンは、心理学的な事象である体験を一つの過程（プロセス）として捉えているのが、大きな特徴である。つまり、人が日々感じ、体験

していることは常に流れており、刻々と変化しているものである、という前提がある。そして、この体験という言葉で表現される心理学的な事象は、私たちにとって一つの感じられた過程を意味し、その意味は内的に感覚され、身体で感じられた諸事象であり、人格といわれる心的事象も、その中身はこの身体に感知され、感じられる流れである、と述べている（Gendlin, 1964 / 1999, p.178）。

このようにジェンドリンは、心理学的な事象さらには人格とは、この感じられた体験の流れ、つまり体験過程こそがその本質であり、静的に固定されたものではなく、常に流れて移り変わっていくものであると理解している。したがって、その変化は、流れに沿っていくことで必然的に生じるものであり、変化が生じないのはその流れそのものがうまく機能していないからだ、ということである。

私たちはいつでも身体についての感覚、身体的緊張、あるいは身体の調子のよさ、を体験している。しかし、これは「覚知されている（in awareness）」が、暗々裡の体験、つまりまだ意味づけさ

コラム
1

ロジャーズとジェンドリン

ジェンドリンはオーストリア出身であり、もともとは哲学を学んでいたが、ナチスに追われアメリカに移り、シカゴ大学でロジャーズと出会い、そこで心理療法を学ぶ。ロジャーズがウィスコンシン大学に移ると、ジェンドリンもその大学に移り、共に統合失調症の治療に取り組む。その中でジェンドリンは体験過程に着目するようになり、それはロジャーズの理論にも大きな影響を与えることになったのである。

れておらず、言葉になっていない前概念的な体験である。この暗々
裡の体験が、フォーカシングではフェルトセンスといわれるもの
であり、その暗々裡の体験に、直接注意を向け、リファー（照合）
することで、初めてその体験の意味づけが可能になる。そして、
暗々裡の体験が、明示された体験（言葉）となり、われわれはそ
の体験を意味づけることで、初めて明確に意識した体験として感
じ取ることが可能になるのである。その意味づけの際に、二重の
相互作用が生じていると考えられる。まず、体験の流れそのもの
は、状況との相互作用で生じ、変化していくものであり、私た
ちの身体は常にその状況（対人関係を含む）との相互作用によって、
暗々裡の体験として流れているのである。そして、その暗々裡の
体験に、リファーすることができ、感じられた意味感覚と、そ
の体験にフィットする言語的象徴との相互作用が起こることで、
暗々裡の体験は明示された意味となり、言語化されることで変化
し推進されていくのである。このようなプロセスが自然に生じて
いるのが、われわれの日常であり、状況との相互作用により、そ
の意味づけは状況ごとに変わっていくので、人の体験は常に変化
し、新たな意味づけが生み出され続けていくのである。

3）自己一致に関する一考察

　ロジャーズの提示したセラピストの三つの必要十分条件のう
ち、もっとも大切であり、また難しいのが自己一致であり、「そ
の真意はなかなか伝わらなかった」という指摘もある（保坂、
1997）。ロジャーズの自己論は、クライエントは自己概念と体験
との不一致による不適応状態にあり、その不一致を一致に近づけ
ることが、その人の適応を高めることになるというものであるが、
その説明は静的であり、自己の変化を十分に示していないという

指摘もある（保坂、1997）。そこで、ここではそのロジャーズの自己論を、ジェンドリンの体験過程の視点から再検討し、その変化のプロセスを明らかにしてみたい。

(1) 20代女性：Aのエピソード

　ここで一つの架空の例を挙げて考えてみたい。

　20代の女性、Aが相談にやってきた。仕事を始めて3、4年ぐらい経つが、最近仕事に対する意欲がわかず、何をやってもおもしろくなく、食欲も落ちてきたということである。何か思いあたることがあるか尋ねると、特にこれといったきっかけやストレスもなく、仕事は変わりなくやっているということであった。ただ、周りの同僚が楽しくおしゃべりしたり遊びに行ったりするのを見ると、なぜかイライラして落ち着かないということであった。そのことを、誰かに相談したのかを尋ねると、家に居る父親にはそういう話をすることはなく、弟はすでに家を出て、一人で独立して暮らしていると語った。母親について尋ねると、母親は小さいころ、病気で亡くなったということであった。

　その後、Aのこれまでの体験が語られていった。母親は、Aが小学校5年生のころ、病気で亡くなったということである。亡くなる数年前から重い病気を患い、何回か手術を受けていたが、再発もあり入退院を繰り返しながら、次第に病状が進行し、長くは持たないだろうと言われていた。Aは、3歳下の弟を連れて、病院に母親の見舞いに行き、面会の終わりには泣いて帰ろうとしない弟を連れて、家に帰っていた。家では、父親の帰りが遅く、洗濯や食事など家事の手伝いをAがやっていた。

　そして、母親が亡くなった状況が語られたのである。Aはこれまでの病状から、母親の命はそう長くないというのは覚悟しており、父親からもその話は聞いていた。亡くなったときは、家族み

んなで見送り、弟は大泣きしていたが、自分はなぜか涙は出なか
った。その後、父親もかなり元気がなくなり、寂しそうにしてい
たが、お通夜、葬式を済ませ、Aは、母親が亡くなって4日目に
は学校に登校したということである。セラピストは驚き、〈それ
は大丈夫だったの？〉と尋ねると、「平気でした。母のことは覚
悟していたので」と語り、家にいてもやることはなく、学校に行
ったほうが楽しいので、ということで登校していたということで
ある。その後は、親子3人で力を合わせて生活したが、父親は帰
りが遅いときがあり、Aが家事を担当し、また弟の世話もしなが
ら、中学、高校と過ごしてきた。中学・高校では、友達関係も良
好であり、クラブ活動も熱心に取り組み、大会に出て活躍したり
していた。また、勉強も頑張り、父親に頼んで短大まで出させて
もらい、就職したということである。仕事も希望の職につけて、
これまで何の問題もなく、過ごしてきており、今回のようなこと
はこれまではまったくなかった。面接でも、Aはとても素直な感
じで、明るく対人関係も上手であり、何ゆえ今このような抑うつ
的な状態になるのかが分からなかった。ただ、母親が亡くなった
ときのエピソードだけは少しひっかかっていた。

　そこでセラピストが、母親が亡くなったころの状況について詳
しく聞いていくと、Aも母親は大好きであり、母親が病気になっ
てからは心配で、いつかいなくなるのではということを予感し、
不安になっていた。しかし、弟は母親の入院のたびに毎晩泣いて
寂しがり、その世話をAがする必要があった。また父親も母親の
病状が悪くなる中で、気丈に振る舞い職場から病院にも見舞いに
駆けつけ、家のことも必死でこなしていたということである。A
もそのような父の姿を見て、私がしっかりしなければと思ってい
たということである。

母の病状が悪くなり、いよいよ危ないとなったときには、弟は
パニックになり泣き叫び、父親もかなり憔悴していたということ
である。しかし、Aはそれまでの経過の中で、自分がしっかりし
なければという思いで、母が亡くなることも覚悟しており、亡く
なったときもなぜか涙も出ずに、ボーっと母の姿を眺めていたと
いうことである。その後の葬儀も淡々と過ぎ去っていき、Aは疲
れきっていた父親のそばに寄り添い、弟の世話もしながら過ごし
たということである。そして、A自身はそのときは、「平気でした、
覚悟していたので」ということであった。

　そして、亡くなって4日目からは学校にも普通に登校し、友達
とも楽しく過ごしたということであった。家のこともやらないと
いけなかったが、それはまったく苦痛ではなく当然のこととして
やってきた。ただ、参観日だけは好きではなく、クラスメイトの
多くは母親がやってくるが、Aの家は父親がたまに仕事の都合を
つけて来てくれたが、毎回ではなく誰も来ないというときもあっ
た。そのことをAは「寂しくはなかったが、嫌であった」と語っ
ている。

　中学、高校と進学して、弟も少し落ち着き、Aはクラブ活動に
精を出し、勉強も頑張って自分の時間を楽しんで過ごしていた。
ただ、かわいい服を買ったり、お化粧をしたりという女の子同士
の話は、ついていけず嫌であった。その後、短大を出て、希望の
会社に就職し、仕事も順調であった。しかし、最近になり突然気
分が落ち込むようになり、何をするにも意欲がわかず、食欲も落
ちてきたということである。特に女性社員同士の会話に入るのが
嫌で、一人でボーっとしていることが多い。また、父親も仕事を
退職し、今は家でゆっくりしているということである。セラピス
トは、〈今まで家族のことを思って頑張ってきたが、みんなの生

活が落ち着いて少し疲れが出たのでは？〉と返すと、それは感じられるようで、ずっと頑張ってきたのかもしれないと語る。

　そこで、セラピストは、母親とのエピソードについて再度触れ、〈あなたはお母さんのことが大好きだったのですね〉と伝えると、本当にそうで、小さいころからよく母親にくっついて出かけており、学校のこともよく話したりしていた。ただ、病気になり、あまり心配をかけてはいけないと思って、言わなくなった。入院したときも、つらかったが、父はもっとつらいのだろうと思ったし、弟のこともあったので、自分はあまり泣かないようにしていた。さらにセラピストより〈参観日が嫌だったということですが、ほとんどの子の母親が来る中で、お母さんに来てもらえなかったのは寂しかったのでは？〉と伝えると、しばらく沈黙し、「……そうだったのかもしれない、本当はお母さんに来てほしかったのかもしれない……」と語り、涙を浮かべる。さらに〈前回は、母親が亡くなったとき、『平気だった、覚悟していたので』と言っていましたが、いくら覚悟していても小学生の子どもなので、それはつらいし、悲しかったのは当然では……〉と伝えると、Aは当時の体験を味わうように、本当に大変なときで、家で弟と二人で過ごすのはすごく寂しくて嫌であり、病院に行ったときは帰りたくなかったが、弟もいたのでそれは言えなかった。母が死んだとき、「本当は泣き叫びたいくらいつらくて、悲しくって、……悲しいというより悔しくて、何でお母さんが病気に、とずっと思っていた」とA自身の体験を、自らの言葉で静かに語っていった。その後、Aはこれまでのさまざまな体験を素直に言葉にして、母への思い、そして父親と弟への思いを語っていった。そして、体調は少しずつ良くなり、仕事を続けることになり面接は終結した。

（2）Aの自己概念と体験：不一致をめぐって

　このエピソードで語られたAの自己一致に関する体験を整理してみたい（図5）。

　まず、母親が亡くなったときの状況について、最初に語られた「平気でした、覚悟はしていたので」というのは、Aの経験がゆがめられて（体験と重なることなく）、自己概念化されたもの（領域Ⅱ）であった。その後に語られた、参観日に関する体験、参観日は好きではなく、「嫌であった」というのは、Aにとっては、自分の体験と一致した素直な表現であり、自己一致した発言（領域Ⅰ）であったと考えられる。しかし、Aはその思いは持ちつつ、そのことは誰にも話してはいなかった。そして、面接の最後で語られた「本当は泣き叫びたいくらいつらくて、悲しくって、……悲しいというより悔しくて、何でお母さんが病気に、とずっと思っていた」という発言は、おそらくA自身が、母親が亡くなった当時から体験していた感覚であり、確かにそのような体験が暗々裡の

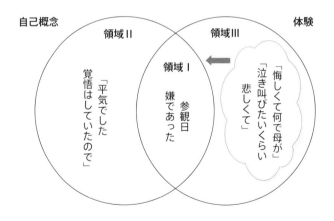

図5　自己一致

意味としてあったのだと考えられる。しかし、その体験は誰にも
語られることなく、その状況は誰とも共有されることなく、焦点
をあて、象徴化され、言葉になることはなく、ただ漠然とした曖
昧な体験として感じられ続けていたのではと考えられる（領域Ⅲ）。

　このように、Aのパーソナリティとしては、自己概念と体験と
の間に大きな不一致があり、その不一致が心理的な不適応、つま
り意欲がなくなり、何もやる気がせず、食欲もなくなるという状
態につながっていたと考えられる。そして、面接を通して自らの
体験の流れに意識を向けることで、Aの自己概念に組み込まれる
ことのなかった体験（領域Ⅲ）が、少しずつ自己概念として言語
化され、この領域Ⅲが体験と自己概念とが重なる領域Ⅰへと変化
していったのである。そうすることで領域Ⅰの自己一致が広がっ
て、より自己一致した状態になり、Aの適応状態は良くなったと
考えられる。

（3）Aの不一致から一致へのフォーカシング的変化
この自己一致への変化を、体験過程理論ではどのように捉えられ
るかを検討してみたい。

　図6で示されたように、Aの母親を亡くしたときの体験は、実
際の体験（領域Ⅲ、暗々裡の体験）に触れられることなく、領域Ⅱの
中において、「平気でした」と概念化されている（→①）。つまり、
そのときAは、暗々裡の体験に触れることなく、歪んだ形で自分
の体験を概念化しており、不一致の状態であった。ただ授業参加
については、「嫌な感じ」であり、「あまり好きではなかった」と
いうのは、そのときの体験にリファーし、適切にその体験は象
徴化され、「嫌であった」という形で、言語化されていた（→②）。
しかし、さらにそのときに感じていた体験（フェルトセンス）は、A
の自己概念の中に取り込まれることなく、象徴化されることなく、

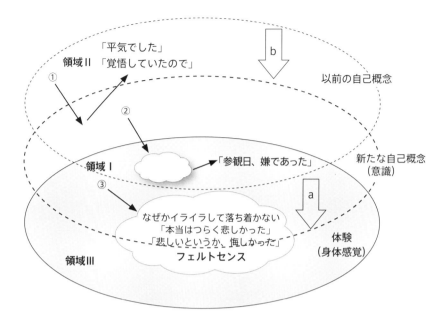

図6　フォーカシングから見たＡの自己一致へのプロセス

暗々裡の体験としてはずっと存在し続けてきたと考えられる。

　そしてその体験は、20代になった現在、面接の場において「なぜかイライラして落ち着かない」という暗々裡の体験として、Ａには知覚されていた。セラピストはそのまだ言葉になる前の体験である暗々裡の体験を、共に感じながら、Ａが安心してその体験に触れられるように話を進めていった。そして、セラピストの問いかけに対し、Ａは「本当は泣きたいぐらいつらくて悲しくて……」と語り、これまで暗々裡に存在していたが、言葉として象徴化されることのなかった体験に、初めてリファーし言葉として表出されたことで、セラピストと共有することができたのである。その言葉も、さらにフェルトセンスと照合されることで、「悲しい」

から「悔しい」というように修正され、よりそのフェルトセンス（体験）とフィットするような表現へと変わっていったのである（→③）。これは、まさにＡのフェルトセンス（体験）へのリファーが生じ、その象徴化としての言語での表現が生まれてきた瞬間であり、体験過程が推進されたのである。

　ロジャーズは、セラピストの自己一致（純粋性）について「自身の内面でその瞬間瞬間に流れつつある感情や態度に十分にひらかれており、ありのままであるということである」(Rogers, 1986 / 2001, p.163)と述べているが、これはクライエントの自己一致にもつながるところであり、クライエントがその瞬間に流れている感情や感覚、つまり体験の流れ（ジェンドリンはこれをフェルトセンスと呼ぶ）に開かれて、ありのままであることが、体験過程を推進し、自己一致へと導くのである。

　実際にＡの自己概念は変化し、これまで含まれていなかった「泣きたいぐらいつらくて悲しい体験」そして「悔しい」思いが自己概念の一部として広がることで、体験との重なりの部分が拡張していったと考えられる（⇒a）。他方でこれまで、母親の亡くなった体験について、「平気でした」と歪んで概念化されていた部分は、おそらくＡには必要なくなり、当時はそう思っていたが、今は「平気ということではなかったかもしれない」と語るように、現在の自己概念からは削除されるという形で、自己概念自体も変化していっているのである（⇒b）。

　Ａのエピソードを通して見えてくるのは、ロジャーズの人格論としての自己一致と、ジェンドリンの体験過程論は、ほぼ同じ人格の変容のプロセスを説明していると考えられることである。ただ、ジェンドリンの理論はその変化をよりミクロの視点から、そしてどのようにその変化を生み出したらよいのかを、フェルトセ

ンスへのリファーという視点から捉え、人の心がどのように変化するかを実に見事に詳細に提示してくれているのである。

3 ｜ 対話におけるフォーカシングの位置づけ

1)「方法としてのフォーカシング」と「現象としてのフォーカシング」

　対話場面、つまり心理面接におけるフォーカシングの位置づけは、まだその発展の途上にあると考えられる。池見（1998）によると、フォーカシングが日本に導入された当初より、フォーカシングの臨床応用についての議論がなされていたということである。それは、「フォーカシングという一組の教示法は分かるが、これは臨床では、いったいどう応用するのだろうか？」という問いであった。そして、フォーカシングの中核的な部分にあたる「体験過程」をどう捉えるのか、それをフォーカシングの教示を使わずに、どのようにして心理療法の面接で応用するのか、という課題に取り組んできたということである。この課題にもっとも初期から取り組んできたのが、増井武士である。

　増井（1990）は、これまでのステップにより体験されるモデルを持ったフォーカシングを「方法としてのフォーカシング」と位置づけ、臨床適応においては、そこからの解放が必要であると述べる。つまり、フォーカシングという内的な行為をフォーカシングという方法で体験される特殊な体験として位置づけないことが重要であり、フォーカシングという内的行為を、「個人が、内的、外的に歪んだ関係にあるとき、その歪みを漠然としたフェルトセンスとして多くの場合感じており、その歪みに対して少しでも調和的に生きたいというきわめて人間的な心の基本的な営み」として位置づけてみることを提唱している。このように捉えると、フ

ォーカシングはある特定の理論や技法に基づいて生起するような
ものではなく、すべての人の心の営みとして生起している現象、
つまり「現象としてのフォーカシング」であると考えられる。そ
して、面接でのクライエントの語りにおいては、何か気になるこ
とや主訴に付随したフェルトセンスがあり、そのフェルトセンス
に触れて、少しでもその歪みを解消しようというのが、面接のプ
ロセスであるとも言える（図7）。面接場面における「現象として
のフォーカシング」では、クライエントの語りの中で、なんとな
く身体の感覚（フェルトセンス）を感じているが、フェルトセンス
そのものが正面から取り上げられることはなく、そのフェルトセ
ンスをなんとなく感じながら対話が進むことが、面接の潤滑油と
してクライエントの新たな気づきや成長につながっていくと考え
られる。

　これに対し、面接場面で起こっている状況のうち、現実的な出
来事の語りやその具体的状況の話をすべて割愛し、ダイレクトに
気になることの身体的な感覚（フェルトセンス）に直接注意を向け、

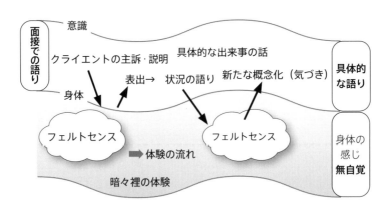

図7　面接のプロセスにおける「現象としてのフォーカシング」

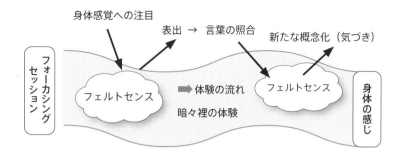

身体感覚への注目

表出 → 言葉の照合

新たな概念化（気づき）

フォーカシングセッション

フェルトセンス

➡ 体験の流れ

暗々裡の体験

フェルトセンス

身体の感じ

図8　方法としてのフォーカシング

　それとの相互作用を進めていこうというのが、「方法としてのフォーカシング」（**図7の下半分、図8**）であるといえる。つまり、方法としてのフォーカシングは、面接における出来事の語り、それにまつわるさまざまな感情が語られる具体的状況のすべてを取り除いた、身体感覚だけに特化した面接のエッセンスのみを切り取った聴き方（これは、人の語りの中で、具体の部分を取り除いた不自然な奇形であるとも言える）であり、方法としてのフォーカシングのみで心理面接が行われるということは、現実的ではない。

　また池見（1997）は、「フォーカシングはクライエントの中で起こるというよりも、"フォーカシングが起こるような人間関係を築く"ことが最も大切なことである」と指摘している。そもそもフォーカシングにおけるフェルトセンスは、その状況に対する感覚であり、必然的にその場の関係性、つまりクライエント－セラピスト関係を内包したクライエントの心のあり様であり、その心の動きに目を向けて、感じられるような状況をいかに形成していくかが臨床実践においては重要になってくる。フォーカシング指向心理療法におけるフェルトセンスについて、増井（1990）は、「治

療の場におけるフェルトセンスは患者・治療者相互がそのもとを共有し合っており、それらは言語的にも、非言語水準においても相互に影響し合っている」と述べている。フォーカシング指向心理療法においては、クライエントのフェルトセンスとともに、セラピスト自身のフェルトセンスというものが重要になってくるのである。

　これは、他の心理療法の理論とも重なるところであり、クライエントとの関係性で生じる転移－逆転移を重視する精神分析では、その相互作用における間主観的体験を重視し、その場におけるセラピスト自身の感覚をいかに言葉にしていくかということに着目する。その間主観的に感じ取られる感覚とは、まさにその場の状況に対するセラピスト自身のフェルトセンスであると考えられ、フェルトセンスの持つ相互性といえる。

　このように、フォーカシングおよびフェルトセンスは、人の心の営みの基本的な活動であり、さまざまな心理面接の場の中で生起しており、特定の技法などにより生じるという現象ではないので、一つの治療理論つまり臨床応用としては、明確化しにくいところがある。

　フォーカシングと心理臨床の実践との関係について、ジェンドリン自身もあまり明確にしてこなかったところであるが、1996年に一つの方向性として『フォーカシング指向心理療法（Focusing Oriented Psychotherapy）』（Gendlin, 1996 / 1998, 1999）という書籍を出している。この本のタイトルが、「フォーカシング心理療法」でもなく「体験過程療法」でもなく、「フォーカシング指向心理療法」であることにジェンドリンも心から納得しているということである（池見、1998）。フォーカシングという治療法があるのではなく、それはあくまでフォーカシングという内的体験のプロセス（現象

としてのフォーカシング）であり、そのようなプロセスが生じるように、そのような現象の生起に向けて進められる心理療法が「フォーカシング指向心理療法」である。つまり、p.44の図7で示したプロセスが、フォーカシング指向心理療法ということである。ジェンドリンは、フォーカシングをエンジン・オイル（潤滑油）にたとえたそうだ（池見、1998、p.268）。つまり、フォーカシングは人が変化し、動いていくエンジンそのものではなく、それを促進するオイルのようなものである。では、エンジンは何なのか、それはおそらく人間自身が本来持っている有機体的な体験の流れ、体験の暗々裡の機能である。その体験の流れはさまざまな状況の中で相互作用を繰り返し、厳しい環境では歪んだ不一致の状態になったり、誠実に耳を傾けてくれる他者との出会いにより"純粋に（自己一致して）"流れたりする、心の成長過程、実現傾向そのものである。

　このような人間の心に対する信頼感や実現傾向はロジャーズの発想ともつながるところであり、またこのような発想は、実は多くの心理療法の理論が前提としているところである。したがって、フェルトセンスとは人が身体を持った生物として生きようとする生き物本来の生態学的な反応（体験の流れ）なのである。

2）フェルトセンスによる体験的一歩

　では、そのようなエンジン・オイルとしてのフォーカシングにおいて、クライエントには実際にどのような体験が生じるのかを、ジェンドリンが提示した「体験的一歩の8つの特徴」（Gendlin, 1996 / 1998）に沿って、筆者なりにまとめて検討してみたい。

　①「源」が直接に感じられること
　あるイメージがふと浮かんだり、強い情動が突然あふれ出した

り、プレイセラピーにおいて子どもが自然と身体を動かしていたりする。このような心の動きがなんであるかは分からなくても、「その源を直接感じること（その深さはいろいろであるが）も可能なのである」(Gendlin, 1996 / 1998)。つまり、意識と無意識の「境界領域」にある身体感覚を直接感じることができるのである。

　例えば、イメージがふと浮かんだときには、身体の感じや雰囲気のような性質を伴うことがある。涙があふれ出てきたときに、内側に注意を向ければ「泣いているところ」を感じられる。強い情動が起こったら、その情動を含むその周りの雰囲気を内側で感じて、それに焦点を合わせればよい。焦点を合わせれば、そこには「内側での理解とでも言うべきものがあり、それは概念を超えた理解であり、言語化はできない種類の理解なのである」。ここでいう理解とは、いわゆる言語化による概念的な理解ではなく、感覚的に感じられる理解であり、そこからイメージや情動のもたらす重要性や意味を直接的に感じていくことができる感覚（感じられた意味）であり、それこそが「源」である。

　何かを話そう、言葉にしようとしていることの根源を感じてみると、そこにある感じ（「源」）は、言葉にするよりも常に豊かであり、言葉はそのすべてを捉えることはできない。この「源」を感じることなくクライエントの話が進むことは、すでに体験していること、分かっていることを繰り返し話しているに過ぎず、次なる体験的一歩にはつながらないのである。

　②最初は、はっきりしないものである

　「源」は、最初ははっきりしない、曖昧なものである。クライエントが悲しいことやうれしいことを語るとき、よく分からないまま自分の情動を言葉にしていく。しかし、源は、「なじみの感情」で表現できる以上の、もっと曖昧で、なんとも言いがたいもので

ある。それは、ただ漠然と感じられるものである。

　③境界領域の直接的な感じは、身体を通して起こるものである。

　そして、その漠然とした感じは、身体的、肉体的感覚として身体で起こるものである。この身体的、肉体的感覚とは、一般に言われる身体のこわばりや外的衝撃や傷による痛みとは異なり、身体の内側から感じられる感覚である。そしてその感覚は、フロイトのいう前意識とは異なり、まだ意識の中にないが、「すぐ次に現れてこようとしている無意識の層」にあり、それは身体的に感じられるものである。この感覚に該当する言葉がないということで、ジェンドリンはこれを「フェルトセンス」と名づけたのである。フェルトセンスという概念は、これまで人々が体験し、何かに気づき変化していく際に生じていた現象であるが、それは名づけられることなく、したがって目を向けられることなく生じていた。その現象に初めて目を向け、取り上げることになった点では、ジェンドリンのフォーカシングは、革命的であり心理臨床における大きなターニング・ポイントであったと考えられる。

　④フェルトセンスは全体であり、⑤変化の一歩はフェルトセンスから生ずる

　フェルトセンスについては、すでにこれまでも説明してきたが（p.15）、とても曖昧で、複雑な全体としての体験であり、イメージや情動、エピソードとして語られたり感じられたりするが、それだけではなくもっと深くて広い全体的な感覚である。つまり身体の感じは「からだの中にありながら、からだ全体についての何か、事実、素材、何かそこにあるものとなるのである」（Gendlin, 1996 / 1998）といわれるように、身体全体が、その人の体験、感じ取ってきたもののすべてを含んでおり、その身体に意識を向けることで、その全体を感じ取り、体験に近づくことができるのであ

る。その意識を向けたときに感じられる感覚が、フェルトセンスであるが、その感覚は当然身体全体、つまりその人の今、この瞬間における体験すべてとつながっており、その人のすべてを含んでいると考えられるのである。

　体験的な一歩がフェルトセンスから生じると、「ものごとの全体の布置（constellation）が変化する」（Gendlin, 1996 / 1998）のである。この「全体の布置」というのは、分かりにくい表現であるが、ユングが述べる布置ともつながるところであり、図と地、あるいは光と影と言われるような、全体的な存在、体験の流れに関する意識の向け方として捉えられる。つまり、体験とは常に全体であり、暗々裏の意味を含んでいるが、そのすべてを感じ取ることは不可能であり、ただフェルトセンスとして感じられた身体感覚を通してのみ感じ取ることができるのである。その感覚において小さな一歩の変化（気づき）が生じることで、全体の布置としての身体感覚において、図と地のあり様が大きく変化し、結果として体験の流れそのものが変化していくと考えられる。したがって、フェルトセンスへの関わりを通して、小さな変化である一歩が生じるが、この一歩は実は大きな一歩であり、体験の流れ、そして人の生き方そのものを変えていくような劇的な変化を生む可能性がある。

　⑥体験的一歩によって人はより自分自身になっていき、⑦成長に向かうものである。

　体験的一歩によって、自分自身が変わっていくことが感じられるが、この体験は「自己」とは何かを教えてくれるものである。つまり、「そのような一歩はその人の芯となるような全体性の成長（おそらく小さなものであろうが）なのである」（Gendlin, 1996 / 1998）。"その人の芯となるような全体性の成長"とは、おそらくロジャーズの言うところの"自己一致"と重なると考えられる。つまり、その人

がまさに体験していたことが、その体験のままに自覚され、概念化されることで、体験と自己概念との一致の領域が広がり、そのことによりその人の適応が高まり、その人らしくなっていく、つまり「自分自身になっていく」ということである。

　さらに、この「体験的一歩は成長に向かうものである」とジェンドリンは述べる。つまり、フェルトセンスを感じ、その感じに触れながら関係を見つけ、概念化が起こるとき、それはその人が成長に向かっているということである。この成長という言葉をどのように捉えるか、それは果たして成長なのか、悪い方向に向かっているのではないか、という議論が考えられる。フォーカシングでは、その人自身が生きている自らの体験に触れ、そこから体験的一歩が生じることは、たとえどのような内容であっても成長であると考えている。つまり、体験と自己概念が一致していくことが、その人らしくなる、自分自身になっていくということであり、その人の確かな生が動き出すときなのである。それが成長で

コラム
2

死との出会い

　人が亡くなるということは、人間のストレスとしては相当大きなものである。しかも、自分の親やきょうだいなど近しい人であれば、なおさらである。そのような体験を、人はいかにプロセスする（実感として噛みしめる）のかは、心理臨床において重要なテーマである。これは「喪の作業」とも言われ、行きつ戻りつしながら、時間をかけて行われる。しかし、時にこの体験のプロセスが停滞し、誰とも共有されないと、病的なうつなど臨床的な問題に陥ることもある。

あり、一見つらい体験であっても、その事実を事実として体験し、言葉にすることは、人としての確かな成長であると考えられる。先に挙げたAの例でも、母親の死に対して感じられた感覚は、確かな体験であり、それに対して「泣きたいぐらいつらかった」「悔しい」と言葉にし、その感覚を誰かと共有できたのは、間違いなく成長であるといえる。

⑧体験的一歩は後から振り返って初めて説明できるものである

　体験的一歩は、気がかりや身体の感じを手がかりにして進んでいくが、初めからその内容を予測することは不可能であり、変化の後に振り返って、どう進んできてどのような日常との関連があったのかが見えてくるものである。したがって、フォーカシング指向心理療法においては、先の見通しを持つことはかなり難しく、ある程度の予想はできても、確かな確信を持つことはできず、基本は「体験的一歩が現実に訪れるのを待つだけなのである」(Gendlin, 1996 / 1998)。ただ、フォーカシング指向心理療法に限らず、心理面接において、クライエントの変化、進んでいく方向を正確に予測するのは不可能であり、謙虚にクライエントの話に耳を傾けて、寄り添っていくことしかできないものである。フォーカシングは、あくまでもその変化の潤滑油(エンジン・オイル)なのである。フォーカシングの中での、セラピストの少しの問いかけやセラピスト−クライエント間の相互作用の中で、変化は突然に、なおかつ必然的に現れてくることが多いのではないかと考えられる。

フォーカシングにおける傾聴と
共感のエッセンス

1 │ 傾聴とクライエントのフェルトセンス

1）フェルトセンスの触知

　セラピストは、クライエントとの対話において、何を感じ、何を聴こうとしているのであろうか。

　フォーカシング指向心理療法におけるセラピストは、クライエントのフェルトセンスに向けられた意識（焦点）が、どの程度フェルトセンスの方を向いて関わり、語られる言葉が、どの程度フェルトセンスとの相互作用による象徴化（概念化）を通して生まれてきているかを感じていると考えられる。

　セラピストは、クライエントが自分の体験の流れとどのような距離にあり、どのように関わっているかを感じ取っているのである。クライエントが自分の身体の感じに目を向け、フェルトセンスに触れることを「リファー」（照合）というが、筆者は、このフェルトセンスに意識を向け、やさしく触れる感覚を「触知」と呼んでいる。これは、クライエント自身がこれまで触れることのなかった体験の流れに、どれだけ触手を伸ばし（意識を向け）、どの程度までその感覚に触れて、交流することができるかというイメ

ージである。

　クライエントの触手が、なかなか自らの体験の流れに届かずに、固定化された「お決まり」の言葉、繰り返される訴えとして出てくる場合が多い。多くのクライエントは、面接当初においては、悩み、葛藤、苦悩の真っ只中にいて、必死にもがいて何とかしようとしても、いつも同じような結論に至り、堂々巡りで、先が見えない状態である。このような状態では、面接の場において多くのことが語られても、自分の中に確かに流れている体験との交流は起こっていないので、話は上滑りになり、セラピストにとっても、ついていきにくく、場合によってはうんざりするような話に

コラム
3

触　知

　このイメージに最も近いのは、映画『風の谷のナウシカ』（宮崎駿監督）に出てくるオウムの触手である。オウムは、仲間が傷つき、死にそうになったとき、その相手に触手を伸ばし、やさしくその身体に触れていく。そして、さらに多くの触手を伸ばし、相手の身体のあちこちに触れ、やさしく包んでいくのである。すると、それに反応するように、死にそうになっていたオウムは命を取り戻し、自らも触手を伸ばし、お互いに触れ合うのである。

　このようにそこにある対象にやさしく手を伸ばし、触れてその感覚を確かめ、その動きや鼓動を感じ取ることが触知である。さらに、触知にはその触れた感覚をどのように認識するか、つまりどのように表現するかも含まれており、そこには象徴（言葉）との相互作用により、ぴったりと表現されているか（これは「照合」ともいわれる）を確かめ、受け止める作業も含まれている。

なる。

　クライエントの触手が、少しでも体験の流れに近づき、フェルトセンスに触れることができれば、その反応は、これまでのものとは全く違った、新たな意味が創造されてくるものになる。そのためには、今現在話しているクライエントの語りが、体験の流れとどの程度の距離であり、フェルトセンスをどの程度感じているかを、セラピスト自身が感じ取る必要がある。つまり、クライエント自身が自らのフェルトセンスへの触手をどの程度伸ばし、触れることができているかを、セラピスト自身も感じ取ることが大切になる。これもまたセラピスト自身の身体の感覚を通して感じ取るので触知ということができ、二重の意味での触知が機能していくことになる。セラピストは、クライエントの話を聞きながら、クライエントの意識がクライエント自身の体験の流れにどの程度近づき、触れているかを、セラピスト自身の触手をクライエントのフェルトセンスに伸ばしながらその感覚を感じ取っていくことになる。触知とは、このようにお互いの触手を伸ばしながら、セラピスト自身がクライエントのフェルトセンスあるいはクライエントのフェルトセンスへの近づき方、触れ方を、やさしくなぞるように触手を伸ばし感じ取っていくことである。つまり、この時セラピストは、クライエントのフェルトセンスの流れを感じながら、同時にクライエントの体験のあり様（様式）も感じ取るという二重の作業を行っているのである。このように触知の感覚を基調として、セラピストはクライエントの話を聞いていくことになる（図9）。

　クライエントが静かに、ゆっくりと自らの体験に触手を伸ばし、フェルトセンスが現れやすい環境を育むには、安全感、尊重、信頼、そしてオープンさが必要であるといわれる（Cornell, 2013）。クライ

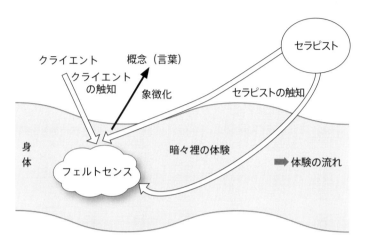

クライエント　　　概念（言葉）

クライエント
の触知　　　象徴化　　　セラピストの触知

セラピスト

身
体　　　フェルトセンス　　　暗々裡の体験　　　➡ 体験の流れ

図9　クライエントの触知とセラピストの触知

エントが自らのフェルトセンスに触手を伸ばし、触れようとする
とき、それは自分でもまったく分からない未知のものに触れるこ
とになり、かなりの不安や恐怖を感じることがある。それゆえに、
フェルトセンスに触手を伸ばし、触れようとする場が安心でき、
安全感を保障してもらえる雰囲気が必要になる。さらに、そのフ
ェルトセンスは、大切なもの、自分にとって何かを伝えてくれる
貴重なものであると理解し、その流れを尊重する姿勢が必要であ
り、それはまたフェルトセンスの持つ生命力、エネルギーを信頼
することでもある。さらに、フェルトセンスに対して一定の価値
観や既成の概念（善悪やこれまでの理解など）を押しつけるのではなく、
自分でもよく分からない漠然とした感覚に対して、未知のものは
未知であり、何が起こるか分からないが、生じたものを受け入れ
ていこうというオープンな態度で、フェルトセンスに触れていく
ことが重要である。

　クライエントがこのような態度、姿勢を保持しながら、面接で

の話が進んでいるかを、セラピストは触手を伸ばしながら感じ取り、話を聞いていくのである。これが、フォーカシング指向心理療法における傾聴の本質である。

2）クライエントの語りの理解：体験過程とEXPスケール

　上で述べたクライエントのフェルセンスとの関わり方への注目を、別の視点から見ると、カウンセリングで語られることのうち何を聴くかということになる。面接では、主にその話の内容が注目されるが、フォーカシング指向心理療法では、クライエントがその問題をどのように語るかという語り方、つまり体験過程の様式が重要になる。例えば、来る途中で、雨が降っていたことについて語るとき、それを単に出来事として事実の経過を語る場合と、それを自らがどのように体験し、何を感じたかを語る場合では、同じ話の内容でも、その語り方（様式）は異なってくる。そして、人間の生において刻一刻と流れている体験をどのように感じ取り表現するかを体験過程の様式といい、語りにおける体験過程の様式を測定しようとしたものがEXPスケール（Experiencing Scale）（池見ら、1986）である。つまり、フェルトセンスへの触知の度合いを理解する一つの指標になるものであり、クライエントの語りを聴く際の重要な視点となると考えられる。

　EXPスケールは、面接や会話におけるクライエントの発言を評定するものであり、低い段階では体験的な感じは語られず状況のみが語られるのが特徴であり（「雨が降っている」「傘を持っていかないと」）、高い段階になると感じに触れた発言となり（「うっとうしい気分、自分は憂鬱になる」）、そこでは気づきやさらなる体験過程の促進（「雨が降ると、一人で本を読んでいたな……。淋しかったのかな」）が見られるようになる（表1）。EXPスケールを用いて実際の臨床事例

表1　7段階EXPスケール

段階	評定基準と具体的発言例	
1	話し手と関係のない外的な出来事について語る。 →「今日は雨が降っている」	フェルトセンスへの触知の程度
2	話の内容は話し手と関連はあるが、話し手の気持ちは表明されない。知的あるいは行動的な自己描写→「雨が降っているので、傘を持って行かないといけない」	
3	外的な出来事に対して話し手の気持ちは語られるが、そこからさらに自分自身について述べることはしない。→「雨が降って、うっとうしい気分だ」	
4	出来事に対する体験や気持ちが話の中心で、自分の体験に注意を向け、ふくらませたり、深めていったりする。→「雨が降ると、いつも自分は憂鬱な気持ちになるのです」	
5	自分の体験について、問題や仮説提起をする。探索的、思考的、ためらいがちな話し方→「雨が降ると、どうして憂鬱な気分になるのかな……」	
6	自分自身の新しい気持ちや体験に気づく。話し手は新しい自己の体験や気持ちの変化について話す。　→「雨が降ると、一人で本を読んでいたな……。淋しかったのかな」	
7	話し手の気持ちや体験についての気づきが人生の様々な場面に拡がっていく。→「一人で過ごすのは、あまり好きではないのだな。だからすぐ電話するのかな」	

（久保田・池見［1991］を基に筆者が具体例を追加）

を分析した研究（田村、1994；土井、2006）もあり、臨床実践においてもEXPスケールの段階が高まること、つまり体験に対する関わり方がより深まり、体験そのものに触れて、相互作用が生じることで言葉になっていく様子が示されている。したがって、心理面接においては、クライエントの体験過程スケールによる評定が高まるような介入をすることが大切であり、臨床トレーニングと

しての評定の有効性なども示されている（池見ら、1986）。

　EXPスケールは、語りの質を数値化する目的で研究用に作られたものであり、クライエントの具体的な発言を評定するものである。したがって、言葉として表現されないものはこの評定では捉えることができないという限界もある。これまで述べたように、多くのクライエントは、具体的な悩みの状況を語りながら、なかなか自らの体験の流れに意識を向け、そこに触れていくことが難しい場合が多い。しかし、そのような語りの中で、セラピストはまだ言葉にはなっていないクライエントの体験の流れを感じ取り、またクライエント自身が自らの体験とどのように関わろうとしており、どのくらいの距離があるのかを触知しながら聞いていくことになる。つまり、実際の面接では言葉として（EXPスケールの評定として）捉えられる以前の間合いや沈黙、表情などを通して、クライエントの体験の流れとの関わりを触知していくことになる。その触知の際の一つの指標として、言語的に表現された内容については、このEXPスケールがクライエントの体験の流れとの距離感や関わり方のあり様を理解するうえで、有用であると考えられる。

3）クライエントの語りに含まれる暗々裡の意味と構造拘束

　ジェンドリン（Gendlin, 1964 / 1999）は、言葉になる前の体験の流れを、「暗々裡の」という言葉で表現している。私たちの体験は、多くの暗々裡の意味を含んでおり、しばしば言語的象徴化（つまり言葉による表現）抜きに、感じられた意味だけを持つことがある。言語的な象徴化を行わずに、ある出来事、ある知覚、あるいは「これ」という言葉で指し示す意味感覚（何らかの意味を持つ感覚）を持つことがあり、これは「暗々裡の意味」として感じられる。しか

し、この暗々裡の意味は、まだ象徴化されておらず、前言語的な感覚であり、それが象徴化されることで、初めて「明示された意味」として理解されるのである。このとき、大事なのは、明示された意味がもともと体験の中にあり、それが意識化されて出てきたというものではなく、暗々裡の意味と、明示された意味は、別のものであると考えられることである。

　私たちの体験は、常に流れており、その体験には暗々裡の意味があり、それはまだ言葉にならないが、「それ」という形で示されるような何となくの感じは確かに知覚することができるのである。そして、その暗々裡の意味に意識が向けられ、体験と概念との相互作用が起こることで象徴化され、言葉となり、明示された意味として語られるのである。ある出来事が明示的な意味として語られた場合でも、その体験の流れは、常に私たちが明示したものよりはるかに多くの暗々裡の意味を含んでいるのである。したがって、明示された意味と、暗々裡の意味とは、基本的に異なるものなのである。体験の流れの多くは、常に明示されることなく、暗々裡のまま、言葉になることなく、つまり未完了のままで流れている。暗々裡の体験は、前概念的であり、感じられた意味としてしか捉えることができない。しかし、私たちがある状況におかれ、その状況での生きた感覚に目を向け、触知するとき、言語（象徴）あるいは出来事、イメージとの相互作用が実際に起こり、暗々裡の意味は明示化されることにより、初めて私たちは自分の体験を理解できるのである。そして、そのことで体験過程は推進され、一つの体験の流れは完了するのである。

　セラピストは、このクライエントの中で起こっている暗々裡の体験と言語（象徴）との相互作用のあり様を触知しながら、クライエントの話に耳を傾けるのである。

ここで体験の流れにおいて、この暗々裡の機能が失われた状態について考えてみたい。私たちの体験は常に流れており、その体験との相互作用（象徴化）を通して暗々裡の意味が感じられる。ところが、この暗々裡の意味を感じ取ることができず、フェルトセンスとの相互作用が起りにくい状態がある。これをジェンドリンは、「構造拘束*(structure bound)」と呼んでいる。体験過程は、常に流動的であり、その状況によりさまざまに変化していくものであるが、そのような状況との相互作用を失った、非常に形式的、パターン化された「空っぽの感情」だけを感じているときがある。現在の体験において、体験過程の様式である無数の新鮮な豊かさを欠いているとき、クライエントの体験は構造に拘束されているのである。そして、多くのクライエントが相談にやってくる際には、この構造拘束の状態にあり、暗々裡の機能がうまく働いていない状態であることが多いのである。

2．共感とセラピストのフェルトセンス

1）セラピストの腑に落ちる理解：納得
　共感は、心理臨床においては、多くの学派を超えて重視されている態度であり、心理面接においては基本的な姿勢である。それは、ロジャーズのセラピストの必要十分条件としての態度の一つ「共感的理解」として示されており、セラピストが身につけるべき態度といわれる。クライエントの体験としては、「"耳を傾けてくれており、わかってもらえている"と感じられるとき、ホッとして緊張感が緩む。孤独感はやわらぎ、聴いてもらえたこと自体がうれしくなる。」（永野、2015、p.43）といわれるように、ただ耳を傾けて、分かってもらえていると感じられるだけで、面接は

展開していくと考えられる。

　しかし、この共感的理解というのが、心理面接の実践において
てセラピストにとっては、なかなか難しい態度である。ロジャ
ーズは共感について、「クライエントの自己自身の体験について
の意識に対して、セラピストが正確な感情移入的理解（empathie
understanding）【注1】を体験するということである。クライエントの
私的な世界を、あたかも自分自身のものであるかのように感じ取
り、しかもこの"あたかも……のように"という性格を失わない
─これが感情移入（empathy）」（Rogers, 1957 / 1966）であると述べて

コラム4

共感と同情

　カウンセリングでは、同情ではなく共感が大切だといわれる
が、それらはどのように違うのだろうか。

　共感と同情は、似たような言葉だが、その意味するところ
は大きく異なる。同情は、相手の悲しい状況に対し、その相
手に対してかわいそうだと感じ、哀れみや悲しみを自分が感
じることである。そこには、かわいそうだ、気の毒だといっ
た感情がかなり含まれており、また相手の気持ちだけが中心
になる。

　他方、共感は、相手の悲しみや痛みを共に感じて、同意できる、
あるいは自分をその状況においてみて、同じように感じるとい
う気持ちの表現だ。つまり、共感には相手の置かれた状況を深
く理解することは含まれるが、かわいそうだ、気の毒だといっ
た感情は含まれない。

[注1]　訳書では、empathic understanding を、「感情移入的理解」と訳して
いるが、本論では、「共感的理解」として理解する。

いる。

　ここで大切なのは、自分とは異なるクライエントの私的な世界を、あたかも自分自身が体験しているかのように感じ取るということであり、クライエントの話を聴いて、その内的世界に近づき、そこでクライエント自身が体験しているであろう感覚を、あたかもセラピスト自身が体験しているように感じるということである。〈あたかも……のように（as if〜）〉という表現で示されているのは、あくまでもクライエント自身の本当の体験とは異なるが、まるでその場にいて同じように体験しているかのように感じるという意味で、「あたかも〜」という表現が使われており、まったく同じ体験ではないということが前提となっている。逆に言うと、クライエントの私的世界における体験に限りなく近づいていくが、そこには一定の距離があり、自分自身の体験とは異なる部分があり、また自分自身の体験にいつでも戻ることができるという前提がある。

　ロジャーズは、その後ジェンドリンの体験過程理論の影響を受けて、この共感の記述をアップデートしている。ロジャーズは「共感的理解――これが意味するところは、セラピストが正確にクライエントの体験している気持ちや個人的な意味合い（personal meaning）を感じ取り、その理解をクライエントに伝えることである。」（池見訳）と述べており、これはジェンドリンの絶対傾聴の定義とほぼ同じであるということであり（池見、2016、p.140）、「個人的な意味合い」は、ジェンドリンの用語では「感じられた意味」ということであり、共感とはクライエントがまだ伝えきれていない意味、まだ“言葉になっていない感覚”をも含めて感じ取るということである。

　近田（2015）も、ロジャーズがジェンドリンの理論を取り入れて、

共感的なあり様を発展させ、「まだ言葉にならない感じについていき共に探ること、つまり感じられる意味（フェルトセンス）に敏感に応答することが文字どおり『相手の身になる』ことであり、共感的に寄り添うことなのである」（近田、2015、p.24）と述べている。

　このように、共感的理解において、まだ言葉にならないが、何か感じられる曖昧な感覚（フェルトセンス）が重要な意味を持ってくるのである。この共感のあり様について、先に説明したフェルトセンスの触知の観点から、考えてみたい。

　クライエントは、面接において、何かを訴え語るとき、自らの体験の流れを感じ取りながら話す場合もあるが、多くはその流れをうまく感じ取れずに、具体的な対人関係の場面や気になる出来事など具体的な状況について語る。しかし、その際にもクライエントの中には何か気にはなるが、まだ言葉にならないモヤモヤし

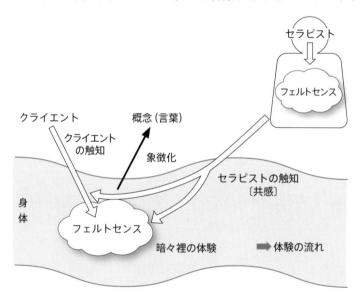

図10　共感におけるセラピストのフェルトセンスの触知

た感覚があり、それは対話における非言語的な間合いや言いよどみによって表出される場合がある。セラピストは、クライエントが具体的な状況を語る中で、まだその体験の流れに触れることができない感覚（暗々裡の体験）、言葉にならない感じについて、共に探っていく。セラピスト自身がクライエントの体験の中に流れている感覚（フェルトセンス）を繊細に感じ取り、クライエントが今まさにこのフェルトセンスとどのような関わりを持とうとしているか（あるいは持たないようにしているのかを含めて）を触知することが、「相手の身になる」ということであり、これが、フォーカシング指向心理療法における共感である（図10）。その際、セラピストがクライエントのフェルトセンスないしはそのフェルトセンスへの触知の状況について感じ取るには、その面接場面におけるセラピスト自身のフェルトセンスを触知することが重要な意味を持つのである。これは面接場面におけるセラピストの理解としては、"腑に落ちる" といった感覚であり、また "納得できる" といった感覚で、セラピスト自身のフェルトセンスとの相互作用から生じてくるものである。このようなセラピスト自身のフェルトセンスへの触知により、その二人の状況において流れている暗々裡の体験が間主観的に双方で象徴化されることで、体験過程が推進され、腑に落ちる実感が生じる状況が共感的理解だと考えられる。

2) 追体験

　セラピストの共感について考える際に、追体験という視点も重要になる。セラピストはクライエントの話を聴きながら、どのような体験をしているのだろうか。

　セラピストは、クライエントの話を聞きながら、さまざまなイメージをめぐらせて、「あたかも（as if）」クライエントが体験し

ている世界を、同じように体験しているかのように感じながら、その話についていく。池見（Ikemi, 2017/2017）はこれを「追体験」と呼んでいる。池見によると、追体験とは、クライエントの語る世界をあるがままにイメージし、さらにそこに暗在的に含まれる状況をも含めて感じ取って、イメージすることである。そして、この追体験と共感とは異なるものであり、共感はそこに自分自身の気がかりや動機を読み込んでしまうが、追体験はそれらを感じる以前のイメージであると述べている。暗在的に含まれる状況とは、上で述べた暗々裡の意味であり、まだ概念として象徴化される以前の体験である。つまり、クライエント自身もまだ明示的な意味として象徴化する以前の感覚つまり暗々裏の体験の流れをセラピストが感じ取りイメージすることであり、これはセラピストによるクライエントのフェルトセンスの触知あるいはクライエントのフェルトセンスへの関わり方を感じ取ること（触知）であるともいえ、二重の意味での触知ということになる（図10参照）。

　また、Ikemi（前掲）の「自分自身の気がかりや動機を読み込んでしまう」という指摘については、共感概念における感情移入、同情との差異として議論されるところであり、「あたかも〇〇のように」と表現される共感のもつ一体感と、他方でまったく同じになることはないという絶対的差異、距離感の問題であると考えられる。同じくフォーカシングの視点から、増井（1994）は、共感的な理解を「患者の言動から治療者が多様なものを感じ、それらを治療者がまず広い空間にとにかくカッコにくくっておくという非言語的水準での営み」として提案している。セラピストの共感という作業において、そこには否応無しにセラピストの思い入れや感情が持ち込まれてくるのである。池見は、そのような思い入れや感情を感じる以前の体験としての「追体験」を提唱し、増

井は、それらのすべての感じを、まず「カッコにくくっておく」という営みを提案している。このように、共感するという行為は、常にセラピスト自身の体験の流れと密接に関係しており、そこにどのような感覚、言葉になる以前の暗々裡の体験が流れているかを感じながら、場合によってはセラピスト自身の体験の流れに触れ、そこから象徴化される明示的な意味を伝えることが、共感であるともいえる。増井（1994）は、カッコにくくるという営みにより、「置かれたものからその場その場における患者の言動についての治療者の共感的言動にふさわしいものが治療者の内に起るまで待つ」という非言語水準での営みにより、共感としてのメッセージが生まれてくる過程を提起している。

3）共感と尋ねること

　共感というと、クライエントの内的な世界、体験の流れに沿って話を聴き、その流れについていくというイメージであるが、実際にはその世界、流れについていきにくい場合も多い。クライエントの話についていきにくいときは、面接において重要な局面であり、今後の面接の流れを左右する状況である。

　クライエントの話についていけない状況において、セラピストは自分が分からないことについては尋ねることになる。その際に“ついていけない状況”とはどのような内容・状況に対してなのかが重要になる。そのついていけなさがクライエントの語る概念的な世界、つまり言葉として表現されたものについて、理解できない、ついていけないと感じてクライエントに尋ねることは、面接において逆効果となる場合がある。概念的、論理的なところで辻褄が合わない、理解できないと感じて尋ねると、クライエントはそれに応えて概念的、論理的なところで詳しく説明しよう、伝

えようとしてしまう。しかし、フォーカシング指向心理療法で重要なのは、体験の流れとの関係性、フェルトセンスの触知の感覚である。セラピストに辻褄の合わなさについて尋ねられると、クライエントの視点がその辻褄の合わない概念的、論理的なところに向くことになり、体験の流れとは少し離れてしまい、ますます概念的、論理的な思考になっていく。

　体験の流れに沿って耳を傾け、その流れへの触知のあり様を感じながら聞いていくと、論理的には整合性がとれていなくても、クライエントの体験としてはそれが自然であり、体験の流れとの相互作用が起こり、よりその流れにフィットした言葉として表現されるようであれば、セラピストとしてはあまり論理的なところで、ついていけない、分からないということにこだわることなく、話を聴くことができるのである。もっとも、クライエントの話が、あまりにも体験の流れから遠く離れていたり、体験の流れとはズレた形で言語化（つまり体験との相互作用が無く構造拘束的である場合）されていたりするようであれば、その言葉がクライエントにとって、体験の流れとフィットしたものであるかを確かめるために、伝え返し（reflection）が行われる。

　ジェンドリンは、フォーカシングにおける伝え返しの機能の一つとして、再帰性（reflexivity）を挙げている。再帰性とは、自分の言葉が、一つの象徴として表出されたとき、それが再度自分自身に帰ってきて、そのことで自分でも再度認識することになり、それはまた自分の体験の流れにも影響を及ぼし、体験の流れとフィットした形で象徴化されているかが確認されることである。場合によっては、新たな相互作用が起こり、最初の説明とは異なる象徴化、言葉がもたらされることがある。例えば、クライエントがある状況について、不当なことを言われ、「腹が立った」と語る

とき、セラピストの中にその状況は、腹が立っているという感覚なのか、少し疑問がわくときがある。そこで〈そのとき、腹が立ったのですね〉と伝えると、その発言は、再びクライエントの中に帰っていき、改めて自らの体験の流れとの相互作用が起こり、この感覚は「腹が立った」で合っているのかなと、クライエント自身が確かめることになる。そして、よりフィットした言葉として、例えば「……、腹が立ったというよりも、悔しかったですね」と語られることで、セラピストの中にもその体験の流れとの相互作用がより強く感じられ、ついていけなさ、理解しにくさが減少し、より自然に聴くことが可能になるのである。このように、面接においては、セラピストの共感というものは、常にクライエントの体験の流れに沿っていく方向で行われる。その中でついていきにくいときに尋ねることで、その質問はクライエントの体験へと再帰し、体験と概念との相互作用を引き起こし、よりフィットした、理解しやすい言葉で表現される。そのことによって、セラピストの共感が深まり、体験の流れそのものが促進されることになるのである。このように、セラピストの共感は、言葉や論理性による共感ではなく、体験の流れ、つまりその言葉と体験との相互作用への触知という視点からの共感であり、伝え返したり、尋ねたりすることも含めて、セラピストの中に腑に落ちる理解、感覚として生じてくるものである。

　成田（2003）は、クライエントへの疑問について、「不思議がる」という視点で述べており、セラピストの中に湧いてくる、よく分からないな、納得しにくいなという感覚に着目し、それを不思議に感じる体験として述べている。その分からない、ついていけない状況を不思議がることで、「治療者は患者がそれまで意識していなかった感情をも聞き取ることができる」（成田、2003）と述べ

ている。これはまさにクライエントが自らの体験の流れと距離が
あり、体験と言葉の相互作用がうまく機能していない状態である。
その際にセラピストは、セラピスト自身の中に湧いてきた、つい
ていきにくい感覚、つまりセラピスト自身の体験の流れに意識を
向け、その感覚（フェルトセンス）を"不思議に感じる体験"として
象徴化し、言葉にしてクライエントに伝えることでクライエント
の体験との関わりに変化が生じて、相互作用が機能し始めるので
ある。この「不思議がる」というのは、セラピストの伝え返しで
あり、問いかけでもあるが、それはまた共感へとつながる理解の
深まりでもある、と考えられる。

3 ｜ 対話におけるフェルトセンスの機能

1）生きているフェルトセンス

　では、面接においてクライエントがフェルトセンスに意識を向
け、何かを感じることで、どのような変化、進展をもたらすのか
を、フェルトセンスの特質から考えてみたい。

　フェルトセンスは、体験の流れとして常にクライエントの身体
の中にあり、そこに触れようと思えばいつでも触れることができ
るものである。もし、クライエントがそのフェルトセンスを感じ
ることができれば、面接において体験的な一歩が生じる可能性が
ある。それは、フェルトセンス自体がその変化を含んでいるから
である。フェルトセンスは、注意を向けることで、そこにあるこ
とに気づくこともできるが、すぐにまた消えてしまうこともある。
大きくなったり、身体の中で感じられる場所が変わったりするこ
ともある。まるで生きているかのように、身体の中で動いたり、
大きくなって迫ってくるように感じることもある。このようにフ

ェルトセンスは、まさに「生きている」といわれることがある。そして、その動きは自分自身でもコントロールできない場合があり、自律性を持った自分の中の感覚として存在するのである。フェルトセンスに注意を向け、それをありのままに感じていくには、フェルトセンスの動き、反応に身をゆだねていくことになる。クライエントは自らの意志や判断（これは頭による思考とも言える）を少し緩め、自分の身体に感じられるフェルトセンスに身をゆだねてみる、という体験が必要になるのである。それゆえに、フェルトセンスへの関わりは難しく、また日常的にはあまり感じられないことが多いのである。自分でもコントロールできないような、生きたフェルトセンスに注意を向け、関わりを持とうとするには、まずはそのフェルトセンスの存在を認め、その動きを許容するような、フェルセンスに対する信頼感、安心感を持つことが大切になる。そのような信頼感、安心感を持つことで、フェルトセンスはよりはっきりと感じられるようになり、自由に活動し、相互作用が促進され、自分でも思いがけないような意外な「明示された意味」を感じられるようになるのである。つまり、フェルトセンスは生きており、われわれが気づいている以上のことを含んでおり、それはいつも暗々裡の意味として、体験の流れの中に存在し、日常の体験の中にもあると考えられる。

2）フェルトセンスの相互性と「間」

　フォーカシング指向心理療法における傾聴や共感的理解とは、クライエントのフェルトセンスとの関わり方の触知、さらにはセラピストによるクライエントの中に流れているフェルトセンスの触知により、まだ言葉にならない感覚を共に探り、感じられた意味に対して敏感に反応していくことである。このようにクライエ

ント自身もまだ言葉にならない、微妙で曖昧な「感じられた意味」をセラピスト自身が感じ取っていくには、セラピスト自身の身体の中で感じられる曖昧な感覚、うまく言葉にはできないが、何かありそうであるという感じられた意味感覚を繊細に感じ取っていくことが大切である。つまり、クライエント－セラピスト関係における相互の体験の流れ、暗々裏の体験への鋭敏な感覚が重要になる。

　セラピスト－クライエントの二人だけの面接における「間」は、相互主観的な体験の場であり、その状況における体験の流れは、クライエントのものであるとともにセラピストのものである。つまり、クライエント、セラピスト双方の体験の流れから作り出される間主観的な世界が広がっているのである。その間主観的な世界を、セラピスト－クライエントはお互いのフェルトセンスを通じて触知し、その感覚を言葉にしていく。発せられた言葉は、ゆっくりと流れる川の流れに小石を投げ入れるようなものであり、流れていた水はさまざまな波紋を広げ、流れそのものが少し変化するのである。この小さな小石（言葉）による影響は、クライエント－セラピスト双方にとって新たな「間」を作り出し、その場の状況は新たな体験の流れとなる。その状況に目を向けることで、その局面における新たな体験の流れと象徴との相互作用が生じ、その場の状況による新鮮な感覚が言葉として表出され、それはクライエントにとっては新たな気づきとして理解されるのである。

　間の基本的な構造について、増井（1994）は、「患者の症状や語ること、ないしはその言語化が困難なある感じに対し、『遠からず、また近すぎない』間の体験下で理解されている」というセラピストの臨床的なあり様であるとし、「言葉と言葉が交わされるとき、言葉にならない体験も相互的に交わされる」のである。つまり、

セラピスト−クライエントの相互の状況で生み出された「間」においては、前概念的で、まだ言葉になっていない体験の流れが相互に重ね合わせられ、新たな状況の間が生まれるのである。そして、その状況から感じ取られるフェルトセンスは、その二人の体験の流れの相互性から生まれてくるので、その場のフェルトセンスを言葉にすることは、クライエントの体験でもあり、またセラピストの体験でもあるということができる。そして、言葉にならない体験も「言葉を通じながら、お互いの『間』において、こすりあい、こすられ合いながら丸くなって、次第に患者と治療者双方にこなれていく過程」が治療過程であるかもしれないということである（増井、1994）。このように、面接の場は常にセラピスト−クライエントの相互作用で生み出される共通の間であり、それはフェルトセンスを通して、共有され、また体験の重ね合わせが起こることで、相互に影響を受けながら変化し、流れていくのである。

3）対話における交差

　面接の場では、フェルトセンスを言葉にすることで、その場の空気が変わり、クライエントの体験の流れに、セラピストの体験の流れが重ねられることで、状況は変化し、動いていくのである。クライエントのフェルトセンスは、その場の状況から生まれてくるものである。したがってクライエントのフェルトセンスは、セラピストのフェルトセンスとつながってくるのである。

　フェルトセンスは、これまで述べてきたように、クライエントが今ここでまさに感じている身体的な感覚であり、それはその場の状況に依存している。クライエントが一人でいるときに、これまでの出来事を思い出して後悔したり、今まさに直面している課題についてあれこれ悩んだりしているときに感じている感覚、何

か身体の中で湧き上がってくるモヤモヤとした感覚や締めつけられるような感覚である。つまりそれはクライエント自身が一人で体験しているものということができる。しかし、面接の場にセラピストが存在し、耳を傾け、たまに質問したり、なるほどだなと納得した表情を示すことは、クライエントの体験に何らかの影響を及ぼし、その時点ですでに「交差」(crossing)(Gendlin, 1995)が起こっていると考えられる。ジェンドリンの言う「交差」とは、クライエントの体験とセラピストの体験が重ね合わせられることであり、それはその場の雰囲気、状況として感じられるものであり、フェルトセンスそのものであるとも言える。面接場面という二人でいる状況で、クライエントが過去のうまくいかなかった出来事を後悔したり、今まさに悩んでいることについてあれこれ考えるとき、一人で考え、悩んでいたときとは大きな違いがあり、二人のときに感じるフェルトセンスは、必然的にその場の状況に対する感覚であるので、そこに居るセラピスト自身の存在（発言や表情、雰囲気など）を含めた感じである。このように、対話の場におけるフェルトセンスというのは、常に相互的であり、二人の人間の存在という絶対的な空間によって生じてくるものであり、セラピストの影響や存在抜きに、クライエントがその場のフェルトセンスを感じることはありえないのである。

　フェルトセンスの相互性という視点から、面接場面における気づきについて考えてみると、例えばクライエントがこれまで感じることのなかった親への「怒り」に気づき、語ったとする。これは、クライエントによって抑圧され、無意識の中にあった親への怒りが、今まで意識化されず、気づいていなかったが、ようやく意識できて語れるようになったとも考えられる。しかし、フォーカシング指向心理療法では、クライエントの中では暗々裡の体験

として流れていたものはあるが、それはまだ象徴化（言語化）されておらず、明在的にはなっていなかった。つまり、体験過程としては、完了していない未完のプロセスとして暗々裡の体験のまま感じられていたのである。そして、それが面接場面において、セラピストとの対話（存在）によって、交差が起こり、クライエントの体験過程が推進され、暗々裡の体験として流れていたフェルトセンスと象徴（言葉）との相互作用が起こり、そこで初めて「明示された意味」として暗々裡の体験が象徴化されることで、"怒り"という言葉が生じてくるのである。この"怒り"という言葉は、未完了である暗々裡の体験へのリファーにより、その感覚が触知され、言葉との相互作用が起こる中でふと浮かんでくるものであり、さらにその言葉が暗々裡の体験とフィットしているかを確かめる中で、また別の言葉に変えられることも十分にある。このような相互作用は常に繰り返され、進行していくものである。これが体験過程の推進であり、「私たちが（状況を）生きている身体を感知し、私たちが明示化する（explicate）ときに私たちがそれを完了し、かつ形成する」（Gendlin, 1964/1999）のであり、このようなプロセスを通して体験の流れの交差が起こり、面接における気づき、変化が生じるのである。

4 │ セラピストの視点と聴き方

　フォーカシング指向心理療法において、セラピストは具体的にどのようにクライエントの話を聞いていくのかを、ジェンドリンの考え（Gendlin, 1996/1998）に沿ってみていく。

　ジェンドリンは、面接におけるクライエントの小さな変化を「体験的一歩」と述べており、この体験的一歩を生み出すようなセラ

ピストの関わりについて、以下の視点を挙げている。

1）伝え返し（傾聴）：微妙なそれぞれの雰囲気を聴き取り確認すること

　伝え返しは、カウンセリングにおいてもっとも基本的な関わりであり、ロジャーズのクライエント中心療法においては、「反射」あるいは「オウム返し」と表現されてきたものである。これが反射あるいはオウム返しとして日本で紹介されたことで、単に技法的なものと理解され、クライエントの語ったことを、そのまま繰り返して、伝え返す、という応答が行われた。これは大きな誤解であり、伝え返しは、基本的な関わりであるとともに、セラピストの繊細な感覚を必要とする心理面接における最も基本的な態度である。ジェンドリン（Gendlin, 1996/1998, p.86）は、伝え返しを、「相手の言おうとしていることをそのまま繰り返す応答である」と述べており、その態度には「クライエントが体験過程の瞬間をどう感じているかそのまま正確に把握」しようとすることが含まれる。つまり、何を伝え返すかといったときに、セラピストはまずクライエントが"言おうとしていること""体験過程の瞬間をどう感じているか"を感じ取ること（クライエントのフェルトセンスを触知すること）であり、その理解が正確になされることが必要である。

　相手の体験の流れを触知することは、フォーカシング・セッションで実際に繰り返し行われることであり、フォーカシングの経験を重ねることで、相手に流れている微妙な体験の流れ、雰囲気というものを聞き取り、感じられるようになるのである。したがって、伝え返しは、必ずしもクライエントの発言をそのまま繰り返すということではなく、そこでクライエントが伝えたかったこと、その瞬間に感じていた体験の流れをセラピストが感じ取り、それをセラピスト自身の言葉で伝えるということである。

しかし、面接場面において、「相手の言い分を一度聞いただけで最初から正確に把握するというのは至難の業」（Gendlin, 1996 / 1998）であり、伝え返しはクライエントの思いとはずれているかもしれないという前提で、伝えることになる。そして、その後の状況、つまりクライエントがその伝え返しをどのように受け取ったかが非常に重要なのである。クライエントから「そうです」という発言で、まさにクライエントが言いたかったのはそれであるというような反応が返ってくる場合もあるし、まったく反応がなくスルーされる場合もある。また少し表情が曇り、少し違うなと思って修正される場合もある。反応はさまざまであるが、セラピストが心がけるのは、セラピストの伝え返しにクライエントが訂正を加えやすいように、伝え返すことである。つまり、「私はこのように受け取ったのですが、どうですか」というニュアンスで伝え返し、もし違うようであれば、修正していただいていいですし、あなたの伝えたいことに耳を傾けますよ、といった姿勢で関わることで、「伝え返し」がより豊かなものになり、フェルトセンスとの相互作用を促すことで体験の流れを推進していくことになる。

　池見（2016）は、伝え返しについて、三つの意義があることを指摘し、1）話し手の反省（振り返って観ること）を促す、2）映し出された自分の姿を観る、3）何かを語るという行為そのものの中に鏡の作用があるという再帰性、を挙げている。そして、このようないくつかの意味を含んだ応答を、「伝え返し」という表現では十分に伝えられないとして「リフレクション」として表記することを提案している。言葉の表記によって、その微妙なニュアンスの伝わり方は異なることがあり、すでに述べたように「反射」や「オウム返し」と表記されたことでイメージされたものとそこ

で抜け落ちた重要なものがあり、カウンセリングにおける鋭敏で細やかな感覚を必要とする関わりをどのような言葉で表現するかは重要であり、池見の提案も頷けるものである。

　伝え返しにより、セラピストはクライエントの同行者となり、微妙なニュアンスの一つ一つに丁寧に寄り添うことで、クライエントは自らの体験の流れを触知することができ、体験の流れとの相互作用が自然に発生することで、体験過程は促進されていく。その結果、暗々裡の体験の象徴化が起こり、新たな気づきが生まれてくる。これはセラピストがもっとも望むところであり、この伝え返しは、クライエントに何かを押しつけたり介入したりすることなく、つまり、クライエントを傷つけることなくクライエントが自らの体験に触れていく万能的な力を持つ方法である。

2）「そこにある何か」を作り出すための応答

　セラピストの伝え返しにもかかわらず、多くのクライエントは自らの体験の流れを感じ取ることができず、ただ同じような堂々巡りの話を繰り返すことが多い。むしろ相談に来るクライエントは、自分の悩みや不安なことについてこれまで何回も考え、理屈としてはどうしたら良いか、またどう理解したら良いかは分かっている。それにもかかわらず、なかなか気持ちが落ち着かなかったり、動けないでいたりすることがある。それは、体験の流れとの相互作用を失っており、暗々裡の体験が機能していないからであると考えられる。

　そこで、セラピストはクライエントが語るさまざまな状況の中で、クライエント自身もまだうまく感じ取ることができないでいる曖昧で微妙な感覚に目を向けてもらうために、何か体験の流れ（フェルトセンス）を感じられそうなところを取り上げて、そうさせる

"何かがあるのですね"と伝えていくことになる。この「**何か**」というのは、フォーカシング指向心理療法においては、貴重で不思議な力を持った神秘的な表現である。

　セラピストの対応によって、クライエントの注意は、その「何か」が生じそうなところに意識が向くことになり、何も感じられなかったところに、「何かが」と言われると、何かがありそうな気がしてくるのである。さらにセラピストの応答（伝え返し）を自分なりに確かめる中で、"何か違うな""何かズレている"と感じることで、具体的な何かが見つかりやすくなるのである。そこにある漠然とした感覚に注意を向け、それに手を伸ばし触知しようとするときに、その感覚を「何か」と表現することで、よりその感覚への触知が生じやすくなるのである。何かが生じそうなところというのは、セラピスト自身にも分からないが、セラピストはクライエントの話を聞きながら、クライエントの体験の流れ（フェルトセンスあるいはそのフェルトセンスとの距離感）をできるだけ細やかに触知し続けていく。これは精神分析で言われる「平等に漂う注意」とも近い感覚であり、セラピスト自身の体験の流れ（フェルトセンス）も触知しながら話を聴くことで、よりその「何か」が生じてくる感覚を摑みやすくなるのである。

3）フェルトセンスを呼び出し、意識を向ける

　セラピストが「何か」を作り出すような応答により、そこに注意が向き、よりはっきりとした身体感覚が感じられるようになれば、そこからは自然にフォーカシングのプロセスは進んでいく。しかし、そのような応答でも、なかなかその「何か」に注意が向けられない場合は、より強い介入として、「あなたが今話していたことですけど、それを今ここで感じられますか」と直接フ

ェルトセンスを呼び出すような応答をしたり、「からだのまんなか辺に注意を向けてみると、そこでその感じを感じられますか」とその感じにフォーカスするように直接働きかけることもできる（Gendlin, 1996 / 1998）。これは、身体的な感覚を感じることにそれほどの抵抗がなく、敏感に感じ取ることができる人には有効であると考えられるが、そのような感覚を元来摑みにくい人には、難しく伝わりにくい応答である可能性もある。

　フェルトセンスの登場を促すもう一つのやり方は、クライエントにその状況を生き生きと思い浮かべて、語ってもらうことである。つまり、クライエントに今困っている状況や人との関係など、具体的な場面を思い浮かべてもらい、そのときの状況をできるだけ詳しく語ってもらうのである。そうするとクライエントは必然的にイメージの中で、あたかもその場面にいるような感覚になり、その場の状況を強く感じ取っているので、具体的なフェルトセンスが生じやすくなるのである。その場の状況では、嫌な相手との強い情動が動くかもしれないし、イメージが鮮明に蘇るかもしれない。また、そのときの自分の姿、姿勢も感じられたりするかもしれず、このような感情、イメージ、身体の動きそして具体のエピソードは、すべてフェルトセンスとつながっているものである。それらを総動員してその状況を生き生きと思い浮かべ、語ることは、必然的にフェルトセンスを感じる状況に近づき、漠然とした「何か」を感じやすくなると考えられる。また、そのような状況が生き生きと語られることは、セラピスト自身にとってもイメージがしやすく、クライエントの体験の流れを触知しやすくなり、セラピストの体験もそれによって影響を受けながら、追体験しやすくなるのである。そうなると、クライエントにまだよく分からない「何か」が生じそうな状況、局面をセラピストが感じ取りや

すくなり、そこに注意を向けるように促していくのである。

4）抵抗について

　面接における「抵抗」は、セラピストの言動に対する反応である。フォーカシング指向心理療法においては、セラピストが「無理にクライエントを、さらに複雑な体験過程を求められるような領域に引っ張っていこう」（Gendlin, 1996 / 1998）とするときに、抵抗が起きる。これは、フォーカシング・セッションを行うときにも起きる現象である。セラピストがクライエントに、自分の中に感じられるモヤモヤとした曖昧な感覚に注意を向けるように促したとき、その感じがあまりにも大きく、不気味で近づきたくないと感じて、それ以上フェルトセンスとの交流が進まないことがある。また、何か感じてもそれをどう表現して良いか分からず、言葉になりにくいということもある。そのようなときに、無理にフェルトセンスに近づこうとしたり、フェルトセンスに注意を向けて交流を促そうとすると、フェルトセンスから離れてしまい、体験の流れを感じにくくなることで、抵抗が生じる。このようなセッションでの体験を積み重ねることで、セラピストは、今クライエントが自らの体験の流れ（フェルトセンス）をどのように触知しているかを感じ取ることが、できるようになるのである。

　さらに、ジェンドリン（Gendlin, 1996 / 1998）は、そのような抵抗が生じた際には、「反対勢力の言い分を聞くことである」と述べ、「抵抗するものに語ってもらう」ことを勧めている。確かに、体験のプロセスを妨げるもの、やりたくないという感覚に注意を向け、そのやりたくないという身体的な感じをも、一つのフェルトセンスとして感じ、やさしく触れて、そのフェルトセンスの側の言い分を聞くことで、抵抗が和らいでいくこともある。また、あ

る地点で、「意識が分離するような現象（解離dissociation[注2]）（筆者訳）」が起こることもあるが、それはそちらに進んで、体験の流れに触れるのはまだ時期尚早であり、そこに行くまでには別の体験的な一歩が必要なのである。このように、フォーカシング指向心理療法では、常に体験的な流れであるフェルトセンスを触知し、暗々裡の意味との相互作用が起こるわけではなく、そこに至るプロセスとして、小さな体験的一歩を積み重ねていく必要がある。安心して自らの体験の流れに目を向け、またセラピストとの二人の空間、状況を安全なものとして体験できることが、何よりも求められるところである。そして、自分の言い分が意図通りに十分聞き届けられれば、体験過程が促進され、その人の中には新たなものが自然に生まれてくるのである。

5）フェルトセンスを触知し、友好的態度で関わること

　クライエントの抵抗が和らぎ、何か漠然とした感覚が感じられたなら、さらにそこに注意を向けて、「それに軽く触れ」ながら、その感じを確かめてもらうことになる。

　はっきりしない曖昧な感覚に注意を向けておくのは難しい作業であり、フェルトセンスが登場し、実際にそこに存在したのに、また消えてしまうこともある。これは、クライエント自身がそのような曖昧な感じを扱うのに慣れていないので、どのように注意を向けて関わったらいいのか分からないという場合もあるし、また先ほど述べた、まだその感じに触れて関わるのは時期尚早であり、何らかの抵抗が生じていることもある。

[注2]　訳書では乖離と訳されているが、最近の精神医学の用語として、ここでは解離と表記した。

もう一つ大事なのは、クライエントは、はっきりしない曖昧な感覚を感じたときに、それが何なのか、どのような意味を持っているのか、あるいはどうしたらいいのかなど、すぐにそれに関わり、理解し、何とかしようとする傾向がある。これは人間が生きていくうえで、身につけてきた物事をどのように理解し、認識する（概念化）か、という知的な作業（頭で考えること）であり、その積み重ねが社会における常識や文化となっているのである。しかし、フォーカシングで求められるのは、知的な作業（頭で考えること）ではなく、体験的な知覚（身体レベルの理解）であり、人間社会における認識以前の身体感覚的な感じに触れていくことである。したがって、何か曖昧な感覚を感じたときに、まずはその感じをそのまま触知すること、すなわち軽く触れてそこに何かあることを知覚すること（そこにはまだなんの意味もない状態）であり、それと共にいてもらうこと、が肝要になる。

　セラピストは、「その感じをもう少し感じてみることはできそうですか」と尋ねたり、「何かそこにありそうだというのを分かっておきましょうか」と伝えたりすることで、そこに何かあることを理解し、それと共に居るように促すのである。これはフォーカシング・セッションでは、フェルトセンスを「認める」というプロセスであり、フェルトセンスを触知する際の基本的な姿勢である。

　クライエントが、この姿勢を保てずに、すぐにそれを認識し、何らかの意味づけを行おうとして先に進もうとする場合は、セラピストは急がずにその感じにやさしく友好的な態度で接することを勧めていく。この、曖昧な感覚を曖昧のままにしてその感じに触れていくというプロセスは、クライエントにとってかなり難しい作業であり、これまでにやったことのない感覚、体験である場合が多い。まず、フェルトセンスを「触知」するとは、そこに何

かあり、それにやさしく触れて、その存在を知覚することであった。つまり、自分の中に、何か自分でも分からないモヤモヤした感覚がある、ということを感じるには、少し自分自身とは距離があり、対象化されているという状態が必要である。そして、その自分でも分からないモヤモヤした感覚は、その意味が分からない（認識できない）という非常に漠然とした感覚なので、不気味であったり、排除したくなったりする場合もある。それでもその感じ（フェルトセンス）を認め、その感じと共にいるためには、その感じが居られる場所、空間を作る必要がある。つまり、これはフェルトセンスを認めるということであり、自分の中にある何かよく分からない悶々とした感じにも守られた空間を提供することであり、すなわち暗々裡の体験に触れ、象徴化（言語化）が生起する準備が整いつつあるということである。

　そのような姿勢で、フェルトセンスに関わることで、自然にフェルトセンスとの相互作用が起こり、象徴化のプロセスが進み、言葉やイメージが生まれてくることがある。そうなると、セラピストはそのプロセス、体験の流れについていくだけで十分である。

　しかし、曖昧で漠然とした感覚は、摑みがたく、近づきにくいところもあるので、そこには友好的な態度というものが必要になる。友好的な態度とは、曖昧なフェルトセンスを好きになったり、仲良くなったりすることではない。まずは、そこにあることを認め、その存在自体を尊重することである。つまり、フェルトセンスは、そこに存在する必然性があり、自分にとっても大切なものである、という姿勢で接することである。フェルトセンスに触れ、それとの相互作用により、何か新たな一歩が生まれてくる、という確信を持てることによって、より相互作用が促進され、フェルトセンスにやさしく関わることが容易になる。そのためには、セ

ラピスト自身が、フェルトセンスとの相互作用により、体験的一歩が生まれ、自己の体験の流れが推進され、よりその人らしい生が発現されていくのだ、という体験（実感）を持っていることが求められる。

6）面接場面でポイントになるクライエント・セラピストの発言・態度

フォーカシング指向心理療法における面接場面で、聞き方のキーポイントになる具体的なクライエントの発言・態度についてまとめておく。このような発言や態度が示されたとき、セラピストは特に注目し、意識を集中して聴いていく必要がある。

①沈黙（言いよどみ）

面接における沈黙は、これまでに多くの臨床家が重要な現象として指摘しているが、フォーカシング指向心理療法においては、クライエントのフェルトセンスの触知を理解するうえで、特に重要なポイントである。多くのクライエントは、自分の悩みや困っていることを一気に話したいと思い、次々と言葉を発してくるが、その中で何か新たな気づき、変化が生まれてくることは少ない。何かに気づくには、自分の体験の流れ（フェルトセンス）を感じる必要があり、そのためにはしばしの沈黙の時間を持つ必要がある。

フォーカシング・セッションにおいて、〈その感じをもうしばらく味わってもらえますか〉「……」や、〈今、出てきた言葉がぴったりくるか、確かめてもらえますか〉「……、んー」というような沈黙の状況がしばしば生じる。セラピストの発言を受けて、クライエントが自分の体験の流れに触れ、さらにそこから何かを感じ、相互作用（象徴化）が生じる際には、その前に体験に触れる沈黙が生じる場合が多い。今まさに何かを感じ、視線が少し遠くを眺めるようであり、ときに唇を微かに動かしながら、まさに

言葉が発せられようとするまでの沈黙の時間がある。

　セラピストは、その沈黙の時間を保障し、ゆっくりと進めてもらうようにする。また、そのプロセスから、何か発せられる前に、言いよどみとしての沈黙が生じることがある。「言いよどむ」とは、『広辞苑』によると「言葉がすらすらと出ずに、とどこおる」(新村編、1998) ことであり、すぐに言葉が出てくるのではなく、体験の流れとの相互作用により、少しずつ体験が象徴化され、それでもなかなか言葉にならずに、とどこおっている最中のプロセスにおいて、生じると考えられる。したがって、セラピストはクライエントの言いよどみや沈黙に注目し、そのような状況は重要な局面であると理解し、その時間や場を守っていくようにするのである。

　②「というか、〜」

　セラピストの伝え返しに対して、「というか、〜」というように別の言い方に変えて伝えてこようとする発言がたまに見られる。これは、フォーカシング指向心理療法にとって、とても望ましい反応である。ジェンドリン (Gendlin, 1996/1998) も言うように、セラピストの伝え返しはいつでも否定することができ、修正可能である。セラピストの伝え返しは、1) (p.76) で述べたように、できるだけクライエントの体験の流れに沿って、瞬間瞬間にその場に流れている感覚に寄り添って発するものであるが、それでもクライエントの体験と外れることもあり、それはいくらでも修正してもらっていいものである。「クライエントが訂正を加えやすくする」(Gendlin, 1996/1998) ことが大切になる。

　それとともに、この「というか、〜」という表現には、さらに深い意味合いがある。セラピストの伝え返しに対し、違う、異なると訂正することは、クライエントがすでに自らの中に流れる体験、何か感じられるものに微かに触れているということである。

その感覚との照合が行われたことで、何らかの違和感、自分の体験の流れにそぐわない何かがあったということであり、そこでは確かに体験の流れ（フェルトセンス）を感じ、触知が進行しているのである。面接場面でこのような表現が出てきたら、そこに流れているクライエントの体験との関わりを、セラピスト自身が触知していくチャンスなのである。

　③「何て言うか、〜」「何て言ったらいいかな〜」「何か」

　これは、①の「言いよどみ」の延長線上の発言であり、何かを感じてはいるが、まだ言葉にうまくならない、どのような言葉がぴったりくるかをまさに照合しているプロセスを、そのまま表している表現である。したがって、その次の言葉が出てくるまでには、少し沈黙の時間があることが多く、セラピストとしては、その時間をあせらず、ゆっくりと待ってやることになる。そして、もし何かそのプロセスの中で言葉が生まれてきて、クライエントの口から発せられたなら、セラピストもゆっくりとその言葉を受け止め、できるだけそのままの形でクライエントに伝え返していくことになる。「あなたの中に、何か感じられるものがあるのですね」とそのまま“何か”という表現を使うこともあり、なかなか言葉にならないものを、一時的に指し示すものとして、「何か」という表現を用いることがある。そして、クライエントがその何かに触れ続けることで、体験の流れから微かに感じられる感覚を触知し、その感覚との相互作用から象徴化されてくる、生まれたばかりの言葉（非常に不安定で、危うい生まれたての乳児のような言葉）を、セラピストはやさしく受け止めていく。そして、セラピストがそのまま伝え返すことで、その言葉は少し確かなものとして、再度クライエント自身の体験の流れに返されて、微かな感覚と照合されることになる。その入り口として、なかなか言葉にならない、

曖昧で漠然とした感覚に触れているときに、感覚としては確かにあるがまだ言葉にうまくならない状態を表す言葉として「何て言うか…」という表現がよく出てくる。そして次第に、よりフィットした、確かな言葉としてクライエントの中で認識されることになる。これはクライエントに小さな体験的一歩をもたらす始まりである。

　④「よく分からないんですけど〜」「不思議なんですが〜」

　何か自分の中に湧き上がった感覚に対し、その感覚を触知し言葉にして表現しようとするときに、これまでの話の流れとはつながりにくかったり、自分でもその意味がよく分からないながら発言したりするときがある。例えば、「自分でもよく分からないんですけど、"怖い"と思ったのです」というような発言であり、その文脈においては、怖い場面でもなく、恐怖を引き起こすような状況でもないのだが、ふと頭に浮かんだ言葉を伝えるときに、このような言い方になるときがある。この表現は、フォーカシング指向心理療法においては、十分に起こりうることであり、それはまさにクライエントがフェルトセンスを触知し、それとの相互作用が生じているという裏づけになる。

　フェルトセンスは、論理性を超えて、感覚的な世界でクライエントへの新たな気づき、概念化をもたらすものであり、日常の会話においては、少し不自然であり、突拍子もないことのように感じられるときがある。クライエントは「自分でも不思議なんですが……」「こんなことを言うと変に思われるかもしれませんが……」と自分でも理屈に合っていないことを感じてはいる。しかし、それはクライエントにとってはフェルトセンスの触知とそれとの相互作用による象徴化によって生じてきた確かな表現であり、体験過程のレベルではフィットした本人なりには自然な発言

なのである。したがって、このような表現がなされた際は、その発言を大切にし、あまりその論理性や分かりにくさにこだわらずに、今クライエントにとってその表現がぴったりである、というところに注目して理解していくのである。

⑤オノマトペによる表現

　オノマトペとは、さまざまな状態や動きなどを音で表現した言葉のことであり、擬音語、擬態語といわれるものである。馬のことをそのまま「ぱかぱか」と表現したり、よく分からない気持ちを「ふわふわ」と表現するように、実際には音や形はない感覚的な表現である。このようにオノマトペは、繰り返しの言葉が多く、なかなか言葉、概念になりにくいものを、その状態や動き、変化などの感じとして、そのまま言語音で示したものであり、フォーカシングのフェルトセンスのような前概念的で、言葉になりにくいものを表現する際に、よく出てくることがある。例えば、身体の感じを「もやもやした」「カチカチした」「ぼわっとした」というような非常に漠然とした言葉で表現することがあるが、そこで何かを感じているということの確かな表現である。日本語は特にオノマトペが多く用いられる言語といわれており、日本人にとってフェルトセンスを感じ、表現することは、感覚的な表現を大切にする日本語という視点から見ても、わりと馴染みやすいのではないかと思われる。

⑥間を置く（時間と空間）

　フォーカシング指向心理療法において、間はフェルトセンスを理解し、またそれとの相互作用を促すうえで、多様な意味を持つものとして重要な表現[注3]である。フォーカシング・セッシ

[注3]　「間」に関しては、増井（1994）による詳細な論考が参考になる。

ョンの最初の段階であるクリアリング・ア・スペースを「間を置く」と表現するように、間を使ってフォーカシングのプロセスが説明されることがある。この際、「間」には時間的な間と、空間的な間の両方の意味が考えられる。クリアリング・ア・スペースの意味合いで使われる際は、物と物との間の空間という意味合いで、気がかりなことをどのくらいの距離で、どの辺りに置いたらいいか、と確かめていく。さらに、家の内部で、ふすまなどで仕切られたところを「板の間」と呼ぶような表現で使われる。つまり、この「間」は単に物と物の距離だけを指すのではなく、セラピストとクライエントが対面している面接室という空間も、一つの「間」であり、その場の様子・状況も指し示すことができる。増井（1994）は、クライエントが多様な悩みをあずけておけるかの決め手となるような、クライエントに感じられるセラピストの「ふところ」の深さについて、この間を使って説明している。フェルトセンスとの関わりにおいては、「間を置く」という表現で示されるような「ほどよい距離」というものが、空間的には重要なポイントになる。

　また、時間的な間としては、間の時間という意味で、面接場面における話と話の間、つまり沈黙や言いよどみの時間がある。さらに、この間には、沈黙の時間に流れる間において、「間をうかがう」というような「ほどよい頃合」「機会」という意味も含まれている。つまり、面接場面において、話と話の間の沈黙の間合いも大事であるが、その中でどのタイミングで話しかけるか、どのくらい待ったらいいかという頃合いとしての「間」も重要な視点になる。フォーカシング指向心理療法では、クライエントは自らの体験の流れに目を向け、その相互作用を確かめる時間があり、その間はかなり長い沈黙になることがある。この沈黙の時間の共

有こそが間の相互性であり、面接における重要なテーマとなる。

⑦「やさしく〜」

　これはセラピストから伝える際に、使われる表現である。「やさしく、その感じに触れてみましょうか」「やさしく、その感じに尋ねてみましょうか」、といった感じで、クライエントが自身のフェルトセンスに関わる際に、やさしく関わってもらうことを強調して、このような表現がよく使われる。これは、セラピスト自身がフェルトセンスというものにどのような姿勢で関わるかという態度を示すものであり、このように言われることで、クライエント自身もやさしく関わることができる場合がある。フェルトセンスは、クライエントにとって必ずしも良い感じのものばかりではなく、どこか不気味であったり、近づきがたい感じであったりして、あまり触れたくない場合などもあるが、それでもセラピストがこのように伝えることで、クライエントもやさしくフェルトセンスに関わることになっていくことがある。セラピストがこの「やさしく〜」という表現を使うには、不気味で近づきがたいフェルトセンスであっても、クライエントにとって重要な何かを含んだ大切なものであるというフェルトセンスへの信頼、尊重というものがベースにある。セラピストのフェルトセンスへの信頼、尊重がクライエントにも伝わり、クライエント自身が曖昧でどこか不気味な感じのするフェルトセンスにやさしく関わること、それだけでフェルトセンスへの触知と相互作用が促進され、当初のイメージとは異なった形でフェルトセンスが感じられたりするようなことがある。例えば、冷たそうで硬い感じのフェルトセンスに、「やさしく触れてもらう」ことで、「思っていたよりも冷たくなくて、どこかふわふわしたところもあり、柔らかかったです」と語られることもある。

第3章

面接場面におけるフェルトセンスの触知と
セラピストの伝え返し

　この章では、クライエントとの面接場面において、セラピストはどのようにクライエントの体験の流れに沿いながらクライエントのフェルトセンスを触知し、どのような伝え返しを行うことで、体験過程が推進されるのかを、架空の中年女性との面接におけるエピソードを想定して、検討していく。

1 ｜ クライエントの概要

　クライエント（B、中年女性）は、商売をしていた家族のために、小さいころよりずっと働いてきた。家族は、父、母、兄、B、妹、祖母であったが、うつ病を患って臥しがちであった母親が、8年前に自死で亡くなる。その間Bは常に母親に寄り添い、看病を続けてきた。母の死後は、祖母の介護も引き受けてきたが、5年ほど前に祖母も亡くなる。他のきょうだいは家を出て、家族に関わろうとしないが、Bは、父親を助け、商売の手伝いをしながら、世話をしてきた。もともと父はアルコール依存症で暴力もあり、B自身も何回か家を出たいと思ったが、それもできず、最期まで父親の世話を続け、3年前にはその父も亡くなる。

それから、1年は、自宅で一人暮らしをしていたが、次第に抑うつ感、意欲の低下、睡眠障害、希死念慮が強くなり、入院となり、面接が開始された。

　家族のために、さまざまなことを犠牲にし、生きてきたクライエントとの面接において、体験の流れである「源を直接感じる」ということは、非常に困難であり、これまで経験したことのないことであった。面接当初は、何のやる気もなく、家族を見送ったことで、私の人生は終わりだと語っていた。一人になり、何をすればいいのか、まったく分からないというので、セラピストとしては、繰り返し自分の気持ちの中に、何がしたいのかなと感じてもらって、そのときの感覚に目を向けるように促していった。

　日常生活において、苦悩を抱え、不適応の状況に陥っているクライエントは、現在の厳しい環境の中で生きていくために、自らの生きる源となるフェルトセンスを、ほとんど感じることなく、厳しい環境に合わせて生活してきている。そのようなクライエントが、初めて自分のための時間や空間を持つことで、直接感じられる暗々裡の体験に注意を向け、フェルトセンスに触れていくことが可能になった。ここに至るには、数十回もの面接が費やされる必要があり、その流れの中でようやく自らの体験の流れに触れるような対話が可能になった架空のエピソードである。「…」はB、〈…〉はセラピストの発言を表す。

２．面接場面における具体的な応答

１）面接初期のころの対話：エピソード０

入院する前、身体が震えて、朝起きられなくなり、夜も眠れな

> 初回から、強い身体的な感覚が語られた。これがフェルトセンスであるかは不明であり、この段階では、まだその感覚に目を向け、体験の流れを感じるような状況（間や安心感）ではなかった。

くなった。夜、家で不安になり、散歩に出たりしていた。

　ただ怠けている自分に、そんな贅沢してはいけないし、存在がおぞましく思えたりして、でも死んでしまうのも怖くて、一晩中起きている。セラピストが〈今は体調が悪く、病気ということもあるの

> セラピストとしては、もう少し自分にやさしく関わり、ゆとりを持つことで、体験の流れとの距離ができ、体験の流れの触知、さらにはセラピストとの交差が生じればと思って介入する。

では〉と伝えると、「本当に病気なのでしょうか。家族がいただけ

> セラピストの介入は、即座に否定され、これまでの自分の理解が繰り返されていく。暗々裡の機能が働かず、構造に拘束された応答である。

であり、それで生かされていただけでは」、〈そんな感じですか〉と尋ねると、「その通りです」と即座に答える。

> さらにセラピストは、今の体験の流れを少しでも感じてもらえればと、伝え返しを行うが、即座にいつもの理解で返され、体験の流れを感じることは難しかった。

父は、昔は怖くて、いつも「出て行け」と怒鳴られていた。亡くなる前、意地を張って毎日のご飯を作ってやらなかった。これまで自分は家族のため、ちゃんとやるのが普通であり、苦ではなかった。父にはちゃんとお小遣いもやっていたのに、タクシーに無賃乗車して、警察に迎えに行ったときもへらへらして笑っていた。お金を渡していることを言うと、「お前にお金をもらったことない」と言われ愕然とした。実際には、お金を渡さないと手が飛んでくることもあった。父の気が短いことは町内でも有名であったが、お葬式では私は気丈に振る舞って、周りの人はそういう私の姿を観て、父は娘に頼っていたのだなと分かってくれたが、その父がいなくなり、自分が壊れてしまい、外に出られなくなった。〈自分の足で、どうやって歩んでいくか、これから考えていければ……〉「父が亡くなって、自

> セラピストは、さらに自分の体験の流れを感じながら、ゆっくりと体験に触れていければと思っていたが、Bのこれまでの認識が強く、暗々裡の体験に触れるようなことはまったくできない状態であった。

分もいなくなると思っていた」。

　そして、小さいころの話になり、父が家で暴れて、母は体調が

> 小さいころの状況が語られ、これは今感じている体験の流れに触れていくには、貴重な情報であったと考えられる。つまり、状況を詳しく語ることで、その時の体験がありありと感じられ、フェルトセンスを招きやすくなる。

悪かったので、私がすぐに小学校から帰らされて、父の車に乗せられて一緒に仕事に回っていた。父の車の運転は乱暴で、すごく怖かった。これまで自由なことをしたことがないので、突然自由にと言われても、どうしていいか分からない。自分で生きてきた

のではなく、家族に生かされてきたので、父が亡くなり私はお役ご免になり、いつ死んでもいいと思っている。セラピストは、Bにかける言葉が見つからず、ただ聴くだけであった。そして、Bは「これからは自分のために時間をもらったのでは、と言われるし、私も他の人にはそう言うが、自分ではどうしても切り替えられなくて、苦しい」〈それはもっともなことでは〉と伝えること

> Bがこれまで感じてきたこと、体験を自分なりに言葉にしてきたこと（領域Ⅱ：図6）は、たとえ体験とはズレていても、そう簡単に修正できるものではなく、自己一致の状態ではないが、まずはその状態を肯定的に受け止めていくしかない。

しかできなかった。

2）面接後期の対話：身体感覚の触知
エピソード1：喉が締めつけられる感覚をめぐって

クライエントは、久しぶりに自宅に外泊し、その後の面接であった。

「外泊してきたが、つらかったです。不安で不安で。思っていた以上に何もできなかった。車検も来るので、車を手放そうと思っている。」

> これまでも車の話が出てきたので、セラピストはBにとって車が重要な意味を持っていることを感じていた。

しばらく考えて、喉の辺りを触りながら、

「喉が締めつけられるようで……」

> 「喉が締めつけられる」と語るので、何か身体の感じを感じて
> いるようにも思えるが、それがフェルトセンスになりうるかは
> 慎重に見極め、少しずつ触れていく必要があり、まずは「伝え
> 返し」を基本とする。

〈喉が……〉

「扁桃腺が大きく、膿がたまっていると言われ、出してもらっ

> これは単に体調不良による身体の違和感な
> のかもしれないと思う。

たことがある」

〈膿がたまっている〉

「首の後ろが締めつけられるようで」

> しかし、どうも今は扁桃腺や膿による痛みではないようであり、
> 「締め付けられる」という表現は、何か本人の中に身体的に
> 感じられる感覚であると考えられる。

と言いながら、しきりに首の周りを触る。

（セラピストも同じように、首の周りを触りながら、その感じを確かめる）

> その身体感覚をさらに感じてもらうように、セラピスト自身も
> 自分の首を触りながら、その感じを追体験する。クライエント
> の感覚をより確かなものとして感じるには、自らの身体の感覚
> に注意を向けてみることが参考になる。

「頭が苦しい、いっぱいいっぱいな感じです」

> 首からさらに頭の苦しさに変わり、これは単なる頭痛ということ
> ではなく、何か意味を含んだ身体感覚（フェルトセンス）かもし
> れないと考えられ、セラピストもその首から頭の辺りの感覚を同
> じように感じてみる。その感じに注意を向け触知することで、そ
> こから何かが表出されるのではと考えて、さらに伝え返しをする。

〈なんか、いっぱいいっぱいな感じ……〉

（沈黙）

「ぶつけたくなるんです」

> 沈黙の後、出てきた言葉は、フェルトセンスから発生してきた象
> 徴（言葉）として、理解できる。
> 　ここで大切なのは、首の締めつけ感や頭の苦しさから、「ぶつ
> けたくなる」という表現は、やや唐突な感じがするが、面接では
> 論理的な理解よりは体験的な流れのほうが優先されるので、それ
> についていくことになる。

〈ぶつけたくなるような感じ……、いっぱいいっぱいな感じで
……〉

> Bの身体の感じとその表現されたものが、フィットしているか、ゆっくりと照合を促すように伝え返し、さらにその前に出てきた"いっぱいいっぱいな感じ"も付け加えて、今話している状況全体を感じてもらうように、少し間を空けて話す。

「風船が破裂しそうで……」

> 表現が少し変わっていく。これはよりフィットしたものを探していこうとする自然な反応であり、フェルトセンスとの相互作用が起こっている状況であり、表出されるものは次々と変わっていく。まさに生きているフェルトセンスとの相互作用である。

「こういうときに、死にたくなったりするのかなと、母親もそうだったのかなと思う」

> 首や頭の感じから、何か分からないがぶつけたくなるような、いっぱいいっぱいな感じにとどまり、それと共にいることで、体験の流れとの相互作用が生じ、そこから親の話として言語化される。

「良くなりかけのときに、死ぬって言うじゃないですか、母親もそうだったのかな、私が気を抜いたので」と、母親の苦しみを感じ取り、死を止められなかったことを後悔していることを語る。

その後、父親のきょうだいの話や母親との関係が語られ、家族円満になればと思って自分はやってきたが、それでも、

> これまでの「締めつけられる感じ」は、家族のことにつながっているようであり、家族の窮屈さ、圧迫感のようなものは、家族が円満になることを願ってきた、という気づきへとつながっていく。

「今一つ和やかさがなかったですよね。うわべだけというか、人前だけというか」

〈もっと和やかさがあればと？〉

> 「和やかさがなかった」ということより、それを求める感覚があるようにセラピストのフェルトセンスを通して触知されたので、そのように返してみる。

「本当の笑いとかはなかったですね。一緒に食事とかしたことないし……」

> 「ないし……」の沈黙は、何かに触れながら、その感覚を確かめているようであり、セラピストには体験の流れとの相互作用が進んでいることが実感でき、その時間を保障してやることで、その体験が"ずっと後悔心ですかね"という言葉として表現された。

「ずっと後悔心ですかね」

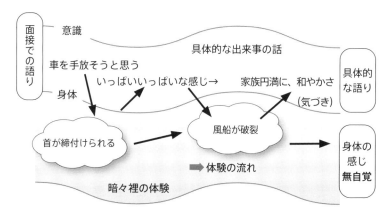

図11　Bさんのフェルトセンスとの相互作用のプロセス

　この面接における体験の流れを図示すると上のようになる（図11）。

エピソード2：もぎ取られるような感じ

　ここ数年は乗っていないし、今後も乗ることはないだろうということで、それまで長く乗ってきた車を売ってきたことが語られる。

「車、売ってきました、悲しかったです」
「何か、もぎ取られるような感じがしました」

> 何かを感じながら、それを「もぎ取られるような感じ」と表現、その何かにもう少し注意を向けてもらえればとセラピストは考える。

〈何か……、もぎ取られるような感じ？〉

> 今感じている感覚にもう少し意識を向け、その感覚を触知できるように、「何か」を強調し、注目を促すために伝え返す。

「……、車、解放してやったような気もして」

> 何かに触れるための時間、間（沈黙）があく。何かに触れながらの言葉の表出、"解放してやった"という表現をセラピストもそのまま受け止め、そこにB自身の体験の流れが表現されているのをセラピストも触知する。そして、そのまま伝え返す。

〈解放してやったような……〉

「ずっと閉じ込めているよりも、もし乗ってもらえるのであれば、乗ってもらって……」

> 自分の言い分が十分聞き届けられれば、その人の中には新たなものが生まれてくる。「解放して」ということが受け止めてもらえて、新たな動きが生まれ、「車に乗ってもらいたい」という感覚がより確かなものとして表現される。

「これからどういう道を歩むか分からないが」
〈その車が……？〉

「籠の中から逃がしてあげたような気がする」

> 車を手放すということが、籠から逃がしてあげることになる、という体験の流れを感じ、その表現がフィットしているかを確かめながらの発言。少しの解放感と安堵を感じている。暗々裡の機能による体験的一歩と考えられる。

「そう思わないとやってられないという気持ちと、自分を取ってしまった、自分の身代わりに、父の車を手放してしまった」
〈自分を取るか、車を取るか？〉

「2年間も放置していて、結局、父のように手放してしまった」

〈父のように……〉

「結局、世話を中途半端にしているような、あげくは手放して
しまった。愛情がありながら、自分の生活を取ってしまった」

> もぎ取られる感じと表現していたものが、父を手放したことへ
> の思い、自分を選んだことへの後悔の気持ちとして象徴化（言
> 語化）されている。フェルトセンスとの相互作用が促進され、
> 自然に言葉（気づき）が生じている。

　その後、父を最後まで世話できなかった罪悪感や父との関係、
自分の生活の様子などが語られる。そして、セラピストは、いろ
いろと思いもありながら、結局は、父と二人で生活し、逃げ出さ
ずに生活してきたことについて取り上げ、

> 自分を責める気持ち、後悔、罪悪感と聞いて、セラピストの中にどこ
> か"ざわつく感じ"があり、その感じに触れ続けていると、父親の世
> 話をしながら二人で生活したB自身のがんばりにもっと目を向けても
> いいのではという感覚が湧いてくる。

〈あなたが、籠の中に閉じ込められていたのでは〉と伝える。

> セラピストの"ざわつく感じ"に触れていると、ふ
> とこの言葉が浮かんできて、そのまま伝える。

「……、……」

> セラピストの発言に対し、Bの体験との交差が起こり、セラピストの体験と
> Bの体験が重ね合わせられている時間ではと思い、この沈黙を大切に共有
> し、その「間」（空間と時間）を保証し、共に居るように沈黙の時間を過ごす。

〈籠の中から出ようと思えば、出られるのでは〉

> しばらく沈黙が続き、セラピストの中でもその状況との相互作用が生まれ、さらに言葉にできそうな感覚があったので、このような表現で伝え、「籠から出られない何かがあるのでは。出てみることができるのでは」とやや強めに伝えている。

「それが怖いですね」

> Bが沈黙を通して感じていた感覚は、セラピストとの交差により、感じられていたフェルトセンスが「怖い」ものとして象徴化されてきた。

その後、母親が亡くなってからのことや、父親との生活、父はやさしかったが、ただ暴力だけは、嫌だったこと、きょうだいとの確執が語られる。また、生活のONとOFFの切り替えができないと語る。

そして、面接の最後に

「**やっぱり**、お父さんからは、離れられないですね……、最期まで見送ったし」

> 「手放した」という最初の体験の流れが、ここまでずっと流れており、車のことから父親のことを話す中で、父親との離れ難さを、「やっぱり」と表現したことで、これはBもどこか感じていたことであるが、これまでなかなか触知し言葉（概念）にならなかった体験の流れであると思われる。

〈それは、小さいころから車にも乗って、ずっと接してきて、存在としても大きかったのでは〉

> Bの「やっぱり、離れられない」という発言を聞いて、セラピストも何か腑に落ちる安堵のような感じがあり、それは今まさに車のこと（父親のこと）を語りながら、それとの関係が明確になってきているように感じられ、Bの体験の流れとの相互作用をより促進するために、セラピストのフェルトセンスから浮かんだ、このような表現で伝えてみたくなった。

「**やっぱり、好きだったんですね。お父さんのこと**」

> この発言は、暗々裡の体験としてあったが、まだ言葉になっていなかった体験の流れが、初めて象徴化され、言葉として「好きだった」と表現されたと考えられる。ここに、体験的一歩、体験的な「開け」が生まれ、体験過程が推進されていったと考えられる。

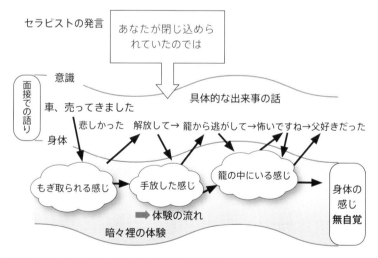

図12　Bさんのエピソード2での相互作用のプロセス

エピソード3：野性的な本能

　これまでの面接でも、Bに対してあなたはあなたの感覚（感じ）を大切にして、それにしたがって自分のことだけを考えていけばいいのでは、ということをセラピストは繰り返し伝えてきていた。

　それでも、Bは彼氏に迷惑をかけてはいけないと思い、泣き言を言ったりはできないと語り、彼は、頑張れと励まして、理解してくれるが、それがずっと続くとしんどくなり、イラついてくるのでは、と不安を語る。

　そして、突然

「"野性的な本能"が出てきて……」と何かを感じるように語り始める。

> 何かを感じながら、それを「野性的な本能」として言葉にする。セラピストはその言葉とクライエントの体験の流れとを触知するように聴き入る。

　（クライエントの表情には、力があり、それまでの抑うつ的な状態とは異なり、目が輝いているようであった）

「これは、先生が言ったのではないですかね」〈私が？〉

> セラピストには、そのような記憶はまったくなかったが、自分の感覚に素直に、「何か」を感じるようにと伝えてきたことか、と連想する。

「私の中の私が消えた」

「何かが、つき始めている……、何なのかは分からないが……」

> 自分の注意を直接感じられる暗々裡の体験に向けている。そして、そこに留まり、そこから生じるものを受け止めようとしている。現象としてのフォーカシングが自然に生じていると考えられる。Ｔｈの介入がなくても、体験の流れとの相互作用が起こっている。

〈何かが、つき始めている……〉

「強気で働いてきたときの自分が、まだ抜け殻ですけど……」

「何か分からないが、なにかが入ってきている」

〈何かが、入ってきている〉

「それが"野性的な本能"なのかなと」

> 自分の中に感じられる何かを、確かに感じながら、その言葉との照合を通して、フィットしていることを確かめることで、さらに体験過程が推進されている。

〈それが、野性的な本能〉

その後、他患者に対して、すごく生意気に話していることがあり、それがまた嫌であると語る。

> 野性的な本能と表出することで、体験的一歩が生じ、さらに、その具体的な状況について、日常生活における出来事を語る。

〈それは、あなたの中にもともとあったものでは、でもそれを
そのまま出すのは難しいので、もう少し言い方を変えて、ソフト
に表現できればいいのでは〉と伝える。

3）その後のエピソード

その後、Bは退院して、彼氏と暮らすことになり、次第にその彼
氏に頼るようになり、常にそばにいてもらわないと怖いと感じる。

〈上手に人に甘えられるようになったのでは〉、自分の中ですべ
て処理してきたので、（自分の気持ちを）口に出すこともなかった。
しんどいときにしんどいと言えない自分がいて、人に話しかけて
こられると、何か話したくても話せなくなって、一人の中で暮ら
してきたことが多いので、自分は常に人の機嫌を損ねないように
生きてきた、と語る。

さらに、家での生活について、逃げたいなという自分もいて、
でも彼氏に悪いなという自分もいて、寝ていてはあかん、でもだ
るい自分もいるし、それを正直に言える自分もいる。今はもうし
んどいと口に出して言える自分もいる。（彼氏に）口にすると、や
さしくしてくれるので、こんなに甘えさせてもらってうれしいな
と、本当の家族でさえ、出せなかったことが、全部出せている。
さらに、今は自然に笑えているなと思う。今まで味わったことの
ない感覚で、食事も笑いながら食べられるし、こうやって正直に
出せるというのが、人間なのかなと思った。

3．面接におけるセラピストの基本的な態度・関わり

1）安全な関係作り

エピソード0で語られた内容には、Bがこれまで体験したこと

を、自分なりにどのように意味づけ、理解してきたかということが明確に示されている。父親が亡くなる前の体験として、理不尽な扱いを受け、尽くしても報われず、最後は頑なに食事を作ることを拒んで、放っておいたということであった。それに対する罪悪感を感じつつ、他方で怒りや憎しみもあり、その感情に圧倒されているようであり、そのときの体験の流れに触れること、つまり適度な間をおいて、その感覚に注意を向けることはまったくできない状況であった。したがって、このとき語られた身体的な感覚である「身体が震える」ということも、嫌な体験でありその体験の流れに目を向けるような状況ではなかった。そこには、まだ自分の体験に触れるだけの安心感、安全感というものを感じることができず、さらにセラピストとの信頼関係も形成されておらず、したがってセラピストの伝え返しや提案も、ほとんど即座に却下されるか、スルーされるような感じであり、暗々裡の体験を触知する状況ではなかった。ただ、面接初期においては、このような状況は起こりうることであり、そこからクライエントとの関係を築き、少しずつフェルトセンスを触知する体験の様式へと誘うことになる。

2）身体感覚に注意を向け、フェルトセンスを誘う

　エピソード1では、これまでの面接で少しずつ自分にやさしく関わる体験を積み重ねてきていた。セラピストがBにやさしく関わり、Bの体験の流れを触知しようと試みながら、話を聴くなかで、少しずつBも自分の身体感覚に目を向けるようになっていた。そのようなときに語られたのが、「喉が締めつけられる感覚」であった。自分でもよく分からない「何か」に目を向け、細かく感じていくのは少し勇気がいるが、Bにはその準備ができていたと考えら

れる。

　セラピストが、ゆっくりとその出てきた感じに注意を向けるように、〈喉が……〉と伝え返していくと、次第にそのイメージが詳しく語られ、膿がたまっているようであり、首の後ろが締めつけられるような感覚を感じていく。このとき、セラピストも同じように自分の首の周りを感じながら、Bの体験の流れを触知しようとその状況にとどまっていると、突然Bから「いっぱいいっぱいな感じ」という次の表現が出てくる。このとき、セラピストには、Bが自分の暗々裡の体験に確かに触れ、その体験から象徴化される形での表現が生まれてきているのを感じていた。それはBにとっては不思議な感じであり、新鮮な感覚でもあった。さらにその感覚を「ぶつけたくなる」「破裂しそう」と表現し、少しずつその感覚は変化していく。このように、暗々裡の体験に触れて、そこから言葉が象徴化されるときは、それはどういうことだろう、どういう意味でそうなるのだろうという論理的な理解よりも、セラピストはその感覚的な世界についていくことが重要であり、Bの体験の流れを触知しながら、まずはその出てきた言葉を、そのまま受け止めていくことになる。すると、親の話から、家族の話へと広がっていく。この話された内容は、面接初期（エピソード0）で語られた家族のイメージとは異なり、B自身が本当に望んでいた家族の姿であり、初めて自らの体験の流れとの相互作用により象徴化され生まれてきた表出（言葉）である。

3）「そこにある何か」を触知し関わる

　エピソード2では、車を売ってきた体験を、「何か、もぎ取られるような感じがしました」と語っている。つまり、ここではすでにそのときの体験を、今ここで体験しつつあると考えられ、ま

さに今ここでの体験の流れが感じられていると、セラピストの感覚を通して触知されていった。さらにそのまだ言葉にならないでいる暗々裡の体験への触知を促すために、〈何か……、もぎ取られるような感じ?〉とそこにある「何か」を強調する形で、伝え返している。すると、Bの暗々裡の体験が象徴化され、「車、解放してやったような気もして」という言葉で表現される。これは、少し分かりにくい表現であるが、Bにとっては体験の流れとフィットした言葉であり、今現在の体験と一致した形で言葉にできているのである。セラピストとしては、その言葉の意味にこだわることなく、Bができるだけその体験の流れとの相互作用を失わないように、その暗々裡の体験に注意を向け続けるように促しながら、聴いていく。すると、Bはその体験の流れに沿いながら、自然と「籠の中から逃がしてあげた」「中途半端に世話をして、あげくは手放してしまった」とやや自分を責めるような形で、自らの暗々裡の体験を言葉にしていく。

　それを聞いていたセラピストの中には"ざわつく感じ"が湧きあがり、その感じにも触れながら聴いていくと、ふと〈あなたが、籠に閉じ込められていたのでは〉という言葉が浮かび、そのまま伝えている。セラピストが発言することで、その場におけるBとセラピストの体験の交差が起こり、その場の状況自体が少し変化したので、Bはさらにその場の状況から感じられる暗々裡の体験に目を向けて、沈黙になったと考えられる。ここで、セラピストはもう少し時間をとってもよかったかもしれないが、セラピストはさらにBは籠から出られるのではというやや強い介入を伝えている。そして、その発言を受けて相互作用が促進され、体験がさらに流れて行き、「それが怖いですね」とそのとき流れていた暗々裡の意味が表出される。その後は、しばらく日常においてさまざ

まな暴力や葛藤の中で、怖さがありONとOFFの切り替えがうまくできず、しんどかったことが語られている。

その後、再度父親の話になり、自らの体験を「手放してしまった」と意味づけていた体験の流れは、その後の体験の流れとセラピストとの交差により新たな局面に変化し、「やっぱり、好きだったんですね」という表現で、自らの体験を象徴化し、言葉にできたのである。

ここにおいて、Bの体験と概念（言葉）とのズレはなくなり、一致した状態（自己一致）になったと考えられる。

さらにエピソード3では、クライエントの中で自らの体験の流れを触知し、フェルトセンスとの相互作用が自然と生じているようであった。セラピストはほとんど介入することなく、話を聴いているだけで、「何か」よく分からない感覚をやさしく感じ取ることができるようになっていた。暗々裡の体験との相互作用が起こり、体験の象徴化による言語化が行われ、それが気づきとして表現されていった。

4）言葉にしたことによる影響・変化と体験的一歩

このエピソード1、2、3を通して、捉えどころがなく、曖昧で漠然とした感じに注意を向け触知することで、その暗々裡の体験との相互作用が起こり、まだ言葉にならなかった体験の象徴化が生じ、言葉として理解されるようになっていく。

エピソード1では、首の感じ→締めつけられる→ぶつけたくなる→風船が破裂→家族円満→和やかさの無さ、というようにその表現が変化していく。またエピソード2では、車→もぎ取られる→解放してやった→籠から逃がしてあげた→父を手放した、というように表現が変化していく。さらにそこにセラピストの介入〈あ

なたが、籠の中に閉じ込められていたのでは〉という発言で、体験の重ね合わせによる交差が起こり、さらに体験の流れが推進され、「怖いです」という暗々裡の体験が、象徴化され言葉として表出される。

このように、Bは自らの体験の流れを少しずつ触知できるようになり、相互作用が生じることにより、次々と象徴化が起こり、そのことで体験の流れ自体がさらに変化し（これをフェルトシフト* [felt shift] と呼ぶ）ていった。体験の流れは常に変化し、次の暗々裡の体験が生じ、それが言葉として表現されていくことで、体験的一歩が生じていくのである。そして、その際にどのような介入が正しいかということではなく、その場の二人の状況により作り出されたものによってその体験の流れは変化し、セラピストの言葉〈あなたが、籠の中に閉じ込められていたのでは〉も、その場に存在し、その状況を共有していたセラピスト自身の体験の流れの中で動いていた暗々裡の意味（フェルトセンス）を触知し、それを言葉にしただけのことである。つまり、この会話の流れは、その場にいた二人の体験の流れの重ね合わせ（交差）により、その状況における1回限りの体験であり、別のセラピストであれば、おそらくまた別の体験の流れが生じていったと考えられる。

さらに、この相互作用による体験の流れは、エピソード3では、セラピストが促すことなくBが自然に体験の流れを触知し、セラピストはただそこに存在し、表現されたものを受け止め、認めてやるだけで十分であった。体験の流れの推進は、当初はセラピストの関わりが大切であるが、一定の安心できる枠組みと体験への注意の向け方ができるようになると、自然に生じてくるものと考えられる。

フォーカシング指向心理療法において、体験的一歩をもたらす

ためにセラピストがすることは、まず「そこにある何か」を作り出すための応答である。

　本事例の場合は、エピソード1で、喉の辺りの感じに触れたのを契機に、セラピストもその辺りに注目し、その感じを共有しつつ、さらにそれを確かなものにするように関わっていった。また、エピソード2では、車を手放すことをめぐって、実際にその手続きをした状況が語られる中で、湧き起こった感情（悲しかった）に注目しながら、そのときの体験の流れ、暗々裡の体験を触知するように促していた。その際に、フェルトセンスを呼び出すような関わりも考えられるが、本事例では、むしろその状況を生き生きと思い浮かべてもらい、その場面を想像してもらうことで、そのときに感じられた何かを確かなものにしていこうと考えた。このように、フォーカシング指向心理療法においては、まずは「そこにある何か」をいかに作り出し、招いていけるか、そしてそれにやさしく触れて、感じ続けていくこと（触知すること）が、ポイントであった。

第4章

フェルトセンスに着目した面接プロセス

1 │ 「我慢する」という心のあり様と体験過程

　本章では、フォーカシング指向心理療法の面接過程を初期の見立てから中期の関わり、そして終結という流れに沿って、体験の流れの触知という視点から述べていく。

　夫の退職を機に抑うつ状態に陥った女性との面接過程において、それまでの多くの不満や苛立ちを「我慢する」「耐える」というスタイルで対処してきたクライエントが、その感覚への対応を変化させた過程を記述し、その意味を考察したい。この「我慢する」という心のあり様が、フォーカシングという視点からみて、クライエントの体験過程にどのような影響を及ぼすのかを、構造拘束として捉えて検討してみたい。

　抑うつについては、これまでは精神分析的な視点から、対象喪失における悲哀の作業との関連で論じられることが多く、例えば椋田（2007）は、母親の喪失と自己の身体疾患による第二次性徴の喪失という二重の喪失体験から、心の中で消化されない抑うつ不安や罪悪感、根深いエディプス葛藤をもたらしたクライエントの症例を提示している。また、市倉・鈴木（2013）は、身体疾患から

抑うつ状態に陥っているクライエントに対し、問題解決療法や認知再構成法などの認知行動的なアプローチの有効性を述べている。しかし、フォーカシング指向心理療法の視点から、この抑うつや身体症状について検討した研究は少ない。森川（2010）は、「身体症状は注意を向けることによってフェルトセンス化する」と指摘し、身体症状を訴えるクライエントとの面接過程を報告している。

　ジェンドリンは、体験過程の様式が、極端に構造に拘束された場合について、「相互作用過程が大きく切りつめられた場合、内部で感じられる体験過程はそのことで、やはり切りつめられる。そうなると、個人は感じられた体験過程のもつ暗黙の機能を欠くことになり、"自己"についての感覚、および内外に対して反応し現在の状況を適切に解釈する能力とを共に失う」と述べている（Gendlin, 1964 / 1999, p.219）。ここで言う「自己」とは、クライエントの感情・感覚と象徴的な言動との相互作用のことであり、自己過程*(self-process)とも言える（Gendlin, 1964 / 1999, p.208）。つまり、体験過程における相互作用が切りつめられる場合、あるいは失われる場合には、人が、観察した状況について述べる際の言葉は、事柄についての暗々裡の意味から生じたものではなく、その言葉に新鮮味やリアルな感覚がなく、同じ状況の説明の繰り返しになるということである。

　クライエントの多くは、このような暗々裡の意味と象徴との相互作用が生じにくくなっており、「暗々裡の機能」を失っているのである。これが構造に拘束された状態であり、クライエントの体験が構造に拘束され、暗々裡の機能を失っていく要因として、本章では、クライエントの「我慢する」「耐える」という心のあり様に注目する。

　暗々裡の機能が欠如し、相互作用が生じなくなる状況について、ジェンドリンは、夢、催眠、感覚遮断などを例として挙げている。

しかし現実的には、このような状況は小さいころからの日常的な家庭での苦悩の体験、特に虐待とも言えるような過酷な環境の中で生活してきたクライエントにおいても生じており、暗黙の意味（フェルトセンス）を十分に感じ取り、相互作用が生じるような環境は持ちにくく、暗々裡の機能が欠如した状況であると考えられる。つまり、これは、「自己の喪失」が起こっている状況であり、「自己は、人が自分に感じられた過程を自らの象徴、行動、あるいは注意によって推進させうる度合いに応じて存在する」（Gendlin, 1964 / 1999, p.222）のであり、環境との相互作用過程が著しく限定されると、「自己」の感覚が失われると考えられる。そして、それはクライエントが訴える空虚感や抑うつ感、さらに自分の「感覚が分からない」という経験につながっていき、体験過程の視点から抑うつ状態について理解することができるのではないかと考えられる。

　このような暗々裡の機能の欠如、さらに自己の喪失といった事態に対し、セラピーにおいて必要になるのは、体験過程が、以前には進展していなかった状況（環境）において新しく進展するようになり、暗々裡に機能するという「再構成化*（reconstituting）」のプロセスが生じることである。また、池見（2016）は、再構成化を助けるセラピストの態度として「2人の間に相互主観的な体験がより豊かに理解されていく作用」である「追体験」の意義を指摘している。

　これまでの心理臨床において、自己過程として進行していない「体験」のもつ特異な条件について、理解しようと試みてきている。それは「無意識的」「抑圧された」「覆われた暗黙の」「制止された」等々さまざまな名称でよばれてきた。ジェンドリンは、これらをすでに述べたように「抑圧モデル」として理解した。このような体験のあり様は以前からあったが、それを知覚し、気づくことができなかったということである。しかし、ここで大切なのは、人々

がある形で応答されたときには、（以前には欠如していた形で）自らの感情を知覚し、それを能動的に持つという内容（概念）の変化がいかにして生じるかを説明せねばならないということである。個人は諸々の感情が「ある意味ではいつも存在していたのだが今までは感じられなかったのだ」と感じるのである。心理臨床において「この普遍的事実を否定することはできない」、とジェンドリン（Gendlin, 1964 / 1999）は述べ、それを体験過程の再構成化として定式化したのである。

　そこで、本章においては、身体的な訴えを抱え抑うつ状態に陥っていた架空の事例を通して、反復パターンとして示された構造拘束という視点から「フェルトセンスとしての身体症状」について検討する。さらにその身体症状を、クライエントにとって苦痛なものから、一つの意味ある感覚へと体験への関わりを変容させ、体験との相互交流を促したセラピストの関わりについて提示していく。

2 ｜ クライエントの概要

クライエント：C（50代、女性）

主訴：何もやる気がしない。喉の違和感

家族：夫（元会社員）、C、長女（30代、結婚して近くに居住）、長男（30代、社会人）

生育歴・家族歴：Cは中学のころ母親を亡くし、その後父親と暮らす。結婚後、しばらくして父親も病気で入院し、看病に通う。しかし、数年後に父親も亡くなる。結婚後は、夫の両親（義父母）と同居し、両親の世話をしながら、子どもたちを育てるが、姑、近くに住んでいた小姑からは厳しいことを言われ、つらい思いをしてきた。夫は、ほとんど子どもと関わることもなく、これまで

家族旅行などしたことはない。子どもたちも父親には何もしてもらっていないと思っている。Cは忙しくて大変でも仕事を休むこともなく、自分の趣味を楽しんだり、友達と食事に出かけたりし、また家事や義父母の世話をこなし、いつも元気に過ごしており、周りからは鉄人と言われていた。

　8年ほど前、夫が仕事を早期退職し、その後家の改修をしたが、Cは仕事をしながらの改修で、かなりしんどかった。6年前ごろより抑うつ状態になり、通院し仕事を半年休んだ。身体がしんどくて、めまいや嘔吐があり、立っていることもできなかった。夫は仕事を辞めてからは、毎日競馬に通っている。

来談までの経過：1年ほど前、12年間飼っていた犬が亡くなった。犬の看病でずっと家にこもりきりであり、死んだ後もしばらくは外に出られなかった。久しぶりに外に出ると、めまい、動悸が強くなり、うつ状態が深刻になり、入院となる。

3 ｜ 面接過程

　面接は全14回（約6か月）行い、その後クライエントは退院となり、面接は終結した。

　面接は、週に1回、50分で行った。「…」はCの発言、〈…〉はセラピストの発言、『…』はその他の人の発言である。なお、本事例は、筆者の体験をベースとしつつも、いくつかの事例の要素を組み合わせ、架空の事例として提示する。

1）初期：構造拘束的な体験様式と身体症状

　#1、初回では、生育歴・家族歴で挙げたこれまでの経緯が語られる。「昔の嫌なことを思い出して、もっともっといっぱいあった

が、あまり話したくない。辛抱しろと言われて育ってきた」と語り、さらに、結婚して、実父が病気になり、看病に行きたかったが、『嫁に来て実家の親の面倒をみるのか』と姑に言われ、「できるだけ我慢して行かないようにしてきた」ということである。姑から『Cに孫の面倒を見させられたから』足が痛いと責められ、舅、小姑からもいろんなことでCが責められた。「本当に嫌な思いで、飛び出したいなと思った。夫のきょうだいは言いたいことを言って、幸せだなと思った」と語る。Cは、もともとガーデニングが好きであったが、「今は花を見てもきれいと思わない、何のために生きているのか、子どもが結婚しても、なんとも思わなかった」と感情があまり感じられなくなった様子であった。「『孫ができれば可愛いよ』と周りには言われるが、自分ではそうは思えず、それよりも、夫や夫の家族の今までの仕打ちが頭に浮かんでくる」と語る。Cはつらい思い出を繰り返し語るが、そのときの表情には感情がほとんど見られず、身体的な実感を伴って語られることもなく、ただ淡々と夫やその家族への不満が語られるだけであった。

▶「辛抱しろと言われ」「我慢して」という表現から、Cが自身の中に生じてきていた感覚、体験の流れに目を向けず、体験との相互作用が生じない状況が理解された。自身の中に生じてきた感覚に目を向け、体験との相互作用が生じるには、感覚を言葉にしようとするときにその話を聴いてくれる相手が必要であるが、クライエントにはその相手が欠如していたということである。それゆえに「花を見てもきれいと思わない」と語られ、不満が「淡々と」と語られたことより、体験として感じられているであろう感覚を触知することができず、暗々裡の機能がうまく作用していない「構造拘束」の状態であると考えられた。

#2、「今回の入院で、初めて夫に洗濯をさせたが、申し訳ない」と語るので、セラピストより〈むしろ入院という形で、夫がいろんなことをしないといけない状態になったのはよかったのでは、Cさんは少しゆっくりと休んでは〉と伝えると、「とにかく堪えないといけないと言われて、嫌なこともずっと我慢してきた」と語る。そして、その我慢も可愛がっていた犬が亡くなって、「ガクッときた」ということで、〈すごく頼りにして、家族みたいな感じだったのですね〉と伝えると、「でもたまに、イライラをぶつける相手がいないので、犬に当たっていたこともある」と犬に感情をぶつけていたことを素直に語る。

「昔あった語りつくせないほどの嫌なことを思い出して、身体がしんどくなる」と身体のしんどさを訴える。昔から「親からは、『辛抱しろ』と言われ、母親が中学で亡くなり、その後はずっと辛抱してきた」と母親の死により家族に対して自分の思いを伝えることを我慢し、表現しなくなった経緯が語られる。また、その後は「父親を大事にして生きてきたが、その父も結婚して5年後に病気になり、看病にも行きたかったが、夫の両親からは『嫁に出たのに、実家の親の面倒を見るのか』と言われ、気を遣いながら父の看病に行っていた」ということである。

▶我慢し、辛抱してきたさまざまな状況を語る中で、Cの中になんとなく感じられていた体験の流れ（犬が亡くなりガクッときた、たまに犬に当たっていた、父親の看病に行きたかったこと）をセラピスト自身が触知し、その感覚をできるだけCの中でもしっかりと感じられるように話を聴いていく。

#3、大切に育てていた庭木を、夫が切ってしまったときも「何

も言わずに我慢してきた」と語り、「夫婦での外食も、結婚して30年以上経つが、一度もない」ということである。また、夫は毎晩お酒を飲むが、その肴として、買ってきた惣菜は飽きてくると言われ、Cが「いつも3品以上は作ってきた」という。セラピストより〈夫の要求にこたえて、完璧にこなそうとするのは無理では？〉と伝えると、Cもそれは分かっており「惣菜も買っていたが、それでも夫は品数が多いほうがいいというので、さらに作るしかなかった」と語る。

　「正月に一時帰宅したときに、親戚の人が挨拶に来て、早く帰ってほしかったが、それが言えず夕方まで相手をした。その後、身体中が熱くなって、めまいがして立てなくなった」と身体の感じが語られたので、セラピストより〈身体が何か反応を起こしているのでは〉と伝え、身体の感覚を大事にし、無理をしないことを勧める。

▶言いたいことも言わずに、我慢してきた状況を語る中で、身体的な反応として、「体中が熱くなり、めまいがして立てなくなった」という体験が語られ、セラピストはその身体的な感覚に注意を向けるように促し、それは何か大切なこと、意味のあることではということを、さりげなく伝え返し、フェルトセンスへの触知を促していく。

　#4、入院中、買い物に行ったときに、胸の違和感があり、眠れなかったと語るので、セラピストも胸の辺りを押さえ、その感じを感じてみるようにした。すると、「いろんな身体症状があり、胃の痛みや吐き気があり、内科で診てもらい胃カメラを飲んだが異常はなく、自律神経の問題ではと言われた」と身体的な感覚に

ついて語る。セラピストは、クライエントの訴えるさまざまな身体症状を自律神経の問題という一言で片づけられたクライエントの怒り、無念さを感じ、胃や胸の辺りの感じを同じように感じながら聴いていった。すると、「喉の違和感もあり、歩いていてふらつきがある」と語り、「ここの感じが気になって」と胸を押さえるので、できるだけその感じを詳しく語ってもらい、セラピストも同じようにその胸の感じをイメージし、追体験していくようにした。「自律神経といわれるが、確かに疲れていると胃腸にくるし、食欲がなくなる。スーパーに買い物に行ったとき、しんどくて途中で座り込んでしまい、帰ってきても夕食が食べられず、そのまま倒れるように横になり、『床に寝ていた』と看護師に言われたが、まったく覚えていない」と語り、面接場面でも「話しているうちにだんだんしんどくなってきました」と机にうつぶせになり、しんどそうにする。セラピストより〈今は外に行ったり、人に会うと疲れるのでは。今まではそれでも辛抱してやってきたのだろうが、今はそれも何かしんどいと感じるようになったのでは〉とはっきりとは分からないが何かしんどさを感じさせるものがあることへの理解を伝えた。

▶Cの語る身体的な訴え（胸の違和感、胃の痛み、吐き気、ふらつき）に耳を傾け、できるだけその状況を詳しく語ってもらうようにする。それは自律神経の問題ではない"何か"を含んでいるということを少しずつ感じているようであるが、ただそれはまだ言葉（概念）として象徴化されるようなものではなく、ただ"しんどい"という感覚でしか捉えられない暗々裡の体験であった。

2）中期：フェルトセンスの触知

　その後も繰り返し、身体的な訴えは繰り返され、#5〜6では「楽しみが浮かんでこないし、いつも心では嫌と思っている」と涙を流し語る。犬がもう一匹いるが、さびしそうである。亡くなった犬は、捨てられていた犬で、首輪がなく、Cが拾ってきて12年間育てた犬であり、放っていたら保健所に行く運命だった。「その犬が死んでしまい、セミの抜け殻のようになり、ずっと泣いていた。これまで我慢して、旅行や外食にも行っていないので、貯えはある。今はそれをここ（病院）で使おう、ここで過ごすことで旅行に行った気分を味わおうと思う」と今まで抑えていた願望を少しでも叶えたいという思いが語られる。

　また、先日出かけたら、汗が出てきて頭がくらくらしてきて、急いで帰ったが、そこから動けなくなってしまったときに、夫は『夕食、何もしてないのか』と言ってスーパーで惣菜を買ってきてくれたが、Cは食べられなかった。その2、3日後、急に夜中にめまいがして、もどしたということなので、セラピストより〈2、3日後に何かありました？〉と尋ねると、「何かあったのかな……」とそのときの感じに少し目を向け、「そのころはご飯も作れずに、食べてももどしていた。食べてもずっと吐きどおしで、自分は、疲れると胃腸にくるようで、それは小学校のころからあった」とそのときの状況を語る。

> ▶犬の死を語ることで、これまであまり触れてこなかった体験の流れ（悲しみや喪失感）に少し近づき、なんとなく感じているようであった。また、めまいがしたり、食べてももどしたりと、胃腸の症状を通してこれまでいろんなことに身体が反応してきたことを感じ始める。

#7でも、活動すると胃腸がおかしくなり、下痢をすることがあることを語り、また「喉の違和感や胃の不快感、鎖骨の痛みもある」と語られ、セラピストは喉から鎖骨の辺りの感じをCのフェルトセンスとして感じながら、その違和感を追体験しながら聴いていく。

　#8〜9、その後、疲れると腸や鎖骨の辺りが痛み、喉の違和感・空洞感があり、診察を受けると医師から何もなく自律神経と言われたこと、また胃の不調は逆流性食道炎の可能性があると言われていること、退院して不安なのは食事の用意や洗い物ができるかであること、などが語られる。その一方で「花に興味が持てるようになり、またクラシックに集中できるようになったのも一歩前進かもしれない」と語り、少し表情は明るかった。セラピストより〈何か疲れると体の調子が悪くなる、その身体の感覚を大事にしていった方がいいのではないでしょうか〉と繰り返し身体の感じに目を向け、大切にするよう促す。

　▶「花に興味が持てるようになった」というのは、Cの中で体験の流れとして感じていたものと相互交流がもてるようになったことで、それを好きだ、楽しいと実感として言葉にできるようになったと考えられる。そして、少し安心感、安全感も高まったと考えられたので、さらに自分の体験の流れ（身体感覚）に目を向けるように促していく。

　近所の人には、『更年期を引きずっているのでは、そんなときは手抜きをしたらいいんだ、若いころから頑張りすぎや』と言われて、それでスーっと胸のつかえが取れたということである。セラピストより〈頑張りすぎと言われてどうですか？〉と尋ねると、

夫が急に仕事を辞めて退職した状況で家の改修があり、義父母の世話もしなければならず、自分の仕事もあったので、パニックで頭が真っ白になり、「改修では、10人ぐらいの職人さんが毎日来て、お茶を用意して、その後に買い物に出かけ、午後にはまたお茶を出していた。身体がついてこない、頑張らなくてもいいのよ、気の遣い過ぎやと周りには言われていた」と頑張ってきた状況が語られる。そして、昨日夫に「しんどいので背中をさすってほしい」と頼んだが、夫としては、Cがしんどそうにするのは不満そうで、『治ってから帰ってきてほしい』と言われた。〈それはひどいですね〉とセラピストが返すと、Cは、「それで悲しくなり、翌朝すぐに病院に帰って来た」ということである。

▶Cは少しずつ自分の体験の流れを触知することができるようになり、我慢しなくてもいいのではと語り、ついには夫に「背中をさすってほしい」と自らの体験をそのまま言葉にして、伝えることができた。ただ、その言葉に対しての夫の反応に傷つき、不満そうであった。セラピストはその不満はもっともであり、まずは自分の感覚（体験）を素直に言葉に（象徴化）したことを評価し、正当なこととして認めていった。

#10、家に帰り、しんどくて内科に連れて行ってほしかったが、夫はそれを嫌がり、『気力の問題だ、甘えてはいけない』と言われたという。夫の実家や小姑との関係について尋ねると「正当なことを言われるが、型にはめようとするので嫌である。私は私のやり方でやりたい」と語られたので、〈それはとても大切なことですね、あなたはあなたのやり方でやりたいのですね〉と伝える。するとCは「夫の家族とは一線を引いて距離をおきたいなと思

う」ときっぱりと答えたが、セラピストには、Cが自身の体験に
少し触れた確かな言葉として感じられた。

　さらに、結婚時のエピソードで、夫は、辛抱強い人、我慢強い
人が好きだということであったというので、〈それであなたと結
婚したということは、夫は、あなたを我慢強い人と見ているとい
うことですかね？〉と尋ねると、それには答えず、「親の言いな
りで結婚したので……」と語る。また、「夫は『自分は好きなこ
とをして死んでいくので、お前も好きに生活したらいい』と言う」
ということで、〈それで、あなたがずっと入院して、食事も作ら
ないで、好きに過ごしたら（夫は）どうなるのでしょうね？〉と
返すと、特に反応はなく、娘と父親はまったく話をしないことを
語る。

　そのように語りながら、「この胸の息苦しさがどうなるか心配
であるが、喉の違和感は少しましになった」と語り、「今日は少
しましかなというときは薬をやめて、しんどいときは飲むよう
にしている」と語るので、〈自分の中に、今日は少しましかなと
いう感覚はあるのですね〉と自分の感じに目を向け、その多少の
変化を摑むことに目を向けるように促す。さらに、「家に帰って、
食事作りやトイレの掃除をしてものすごくしんどくなった」と訴
えるので、セラピストが〈できないことはできないと伝えるのは
どうですか〉と返すと、「でも夫は、『何でや、情けないな』と思
うのではないか」と心配する。そして、「家に帰るのが息苦しくて、
つらい、死ぬのではと思ってしまう」と続けた。

　　▶「親の言いなりで結婚したので……」と、発言の後に少し沈黙
　　ができ、Cは何かを感じているようであった。さらに、「今日は少
　　しましかなというときは」と語るように、自分の身体の感覚に目を

向け、それに近づき触れること（触知）が少しずつできるようになってきている。ただ、その体験の流れをそのまま言葉として表現したときの周りの受けとめ方（夫の反応）を気にする。これは、C自身のこれまでの生活状況での構造拘束的な状況と同じであったが、セラピストはクライエントの中に確かに存在していたフェルトセンスを触知し、これまでとは異なる状況を作り出すように、関わった。

3）後期：フェルトセンスの象徴化とセラピストとの交差

#11、その後も、Cは家に帰り、「食事の用意をするが、その後すごくしんどくなる」こと、また「夫が朝、競馬に出て行って、身体が痛くなり、病院に帰ってきた」ことなどを語り、「夫のこと、小姑のことを思い出すと、食欲がなくなる」と食事と夫との関連性に目を向けていく。「夫とは、二人で出かけたことも、プレゼントをもらったことも一度もなく、物をあげるのはわずらわしいというタイプの人であり、ただ家のことをちゃんとできるようになってから帰ってきてほしい」と話し、「夫は尽くしてくれることを望んでおり、それが当然であると考えている」という。さらに小姑との関係が語られ、「要領が悪いなど陰口を言われてきた」というので、〈それに不満や文句は言わなかったのですか〉とCの我慢するという態度と身体症状との関係性をイメージして尋ねると、「今まではそうは思わず、苦にもならなかった」とこれまでの生活を当然のこととして過ごしており、我慢していたという意識もなかったようである。

その後、「家に帰ると苦しくなるということが繰り返される」と言うので、〈それは、しんどくてここ（家）に居たくないというサインであり、その感覚を大事にした方がいいのでは〉と伝え、〈そ

の感覚が強くなるようなら、家事など無理をしないように〉と返す。

　　▶これまでの夫や夫の家族との関係の中で、傷つきながらも我慢をしてきた状況を語る中で、〈それに不満や文句は言わなかったのですか〉とセラピストの体験を重ね合わせ、交差が起こることで、その場の状況が変化した。クライエントもその場（今ここで）の体験の流れをやさしく受け止め、それに触れることで体験との相互作用が起こり、「家に帰ると苦しくなる」と、これまでの暗々裡の体験が、今まさに新たな明示的な意味として、触知され、新たな意味（象徴化）が生じてきていると考えられた。

　#12、「今でも、家事をきちんとやろうという気持ちはあるが、身体がついてこない」と語り、夫に対し「家のことをできるようになってほしい、手伝ってほしい、競馬ばかりではなくどこかドライブに連れて行ってほしい」と「初めて夫への希望を伝えた」ということである。「夫に『こたつを片づけてほしい』と言われ、本当はやりたくはなかったがやった」ということであり、さらに小姑からは、「『要領が悪い』と文句を言われた」と不満を訴える。今まで我慢してきた様子が語られたので、セラピストの中に沸き起こった感覚を言葉にし〈今までは、夫や小姑に文句を言ったりしたことはないのですか？〉と尋ねると、「それはなかった、これまでは苦にならなかった。今でもやろうという気はあるが、身体がついてこないので、身体中が痛くなり、息苦しくなる」というので、〈身体のどこかが受けつけていないのでしょうか……〉と伝えると、しばらく考えて、「拒絶しているのでしょうね」と語る。
　「この病気になって、だんだんできなくなってしまった。最近、

ようやく気力が出てきた。それで、先日家に帰り、食事を作った
が、品数が少ないと夫は義姉にチクっていた」と話し、「これま
で、ひたすら走り続けてきて、近所の人にも、“ものすごく元気
やね”と言われ、自分ではこれが普通だと思っていた」と語られ
るので、セラピストより〈それまで120％で走ってきて、さらに
家の改修で150％までエネルギーを使って、そこで夫の手伝いが
あればよかったが、何もなくすべてを任されて160％で走り続け
るしかなくなり、オーバーヒートしたのでは。それで動けなくな
ったのは当然なのでは〉と伝えると、「改修、少しでも手伝いが
あれば……」と語るので、〈ご主人に手伝ってほしかったのです
ね……〉と伝えると、「（夫が）ほんと、何にもしてくれなかった
……」とぽつりと語る。

▶「我慢する」という体験への関わりで、相互交流を失っていた暗々
裡の体験の流れに対し、そこに目を向け、象徴化（言語化）ができ
るようになり、それをそのまま夫への希望として伝えることができ
ている。これは大きな一歩であり、体験との相互作用が機能し始
めたと考えられる。そこで、セラピストはやろうとしても身体がつ
いてこない状況に対して、〈身体のどこかが受けつけていないので
しょうか……〉と伝えると、しばらく間をおいて、「拒絶している
のでしょうね」という言葉が出てくる。これはC自身の中に流れて
いた暗々裡の体験を、そのまま素直に表現したものであり、まさ
にぴったりだという感じで、実感のこもった力強い言葉であった。
さらに、セラピストより、我慢して、走り続けてきた体験を共有し
ながら、その走り続ける状況をセラピスト自身の体験として感じ、
その感覚を触知し、言葉にしたのが〈オーバーヒートしたのでは〉
であった。これを受けて、Cの中にもその場の状況の変化、つまり

交差が起こり「少しでも手伝いがあれば……」「ほんと、何にもしてくれなかった……」とゆっくりと今ここでの感覚（フェルトセンス）が明示的な意味として語られた。そのことで、夫との状況の中で感じていた体験が、今まさにここで体験され、象徴化され、その何もしてくれなかったことへの不満といった漠然とした体験は、初めて触知され象徴化されることで体験過程が推進され、フェルトセンスは変容（フェルトシフト）していったと考えられる。

　#13、最近は、朝夕散歩に行き、昼にお店に買い物に行って、少しずつ動いているが、それでも以前に比べれば「運動は減っている」ということであった。以前は朝から夕方まで、動きづめで、仕事には自転車で行っていた。「動きすぎていたのかも……」と何かを感じているように語る。その後、家に帰ってもトイレの掃除だけをし、料理も作ったが「1品だけにした」とのことである。「自分でもあまり動き回らないようにしようと思う」と語り、さらに「疲れると神経に出てくるのかな、息苦しさもある」と生活状況と身体の状態を少し関連づけて考えられるようになり、無理をしないようになる。夫との関係は、それほど変わりなく、夫は競馬に行っており、「これまで"ありがとう"と言ってもらったことがない」とクライエントの中に流れていた体験を語る。

　▶対話全体において、ゆとりが生まれ、話の中にも間が生まれ、「動きすぎていたのかも……」と自らの体験の流れに触れながら、それが自然にできているようであった。また、これまで"ありがとう"と言ってもらったことがないという不満を言葉にしたのは、Cの中にあった暗々裡の体験への触知が自然に起こるようになり、その相互作用から象徴化された言葉として理解できる。

#14、夫は食器を洗ってくれているが、それでやっていると思っている。夫としては、『寝込むようなことをしてくれるな』という思いで、Cに家事をやってほしいようで、「それがプレッシャーになる」と語る。しかし夫は変わらないし、「散々この人（夫）にしんどい思いをさせられてきたので、今さら変わらない」という思いが強く、それでも、「夫が少しは考え、夕食の時間には帰ってくるようになった。夫を子どもみたいな人だな、と思えば楽である」と語り、身体症状は、すべてなくなったわけではないが、無理をするとしんどくなり、身体症状が出るということを自覚して、「自分の身体と相談しながら、無理しないようにしてやっていきたい」という。その後、退院となり、面接は終結する。

▶夫との関係が、何か大きく変わったわけではないが、C自身の体験のあり様、つまり体験の流れとの関わりが変化したことで、その感覚に自然に触れて、言葉にできるようになったこと、つまり自己過程が機能するようになったことで自己一致が増大し少し楽になり、このようにやっていけばいいのではという感覚（方向性）が見えてきたのではないかと思われる。

4 ｜ 面接を振り返って

1）「我慢」と相互作用の欠如

　Cは、結婚当初より、多くの不満や苛立ちを感じてきたが、これらの気分に対し「我慢する、耐える」という態度で接してきた。しかもその我慢するという態度は、自分ではまったく自覚することなく、自分にとっては普通のことのように感じられていた。おそらくその背景には、C自身が中学生のころに母親を亡くし、父

親との生活において、辛抱しないといけないということを言われてきたこと、さらにそのことを話せる相手がいなかったことから、我慢し耐えるという生活のスタイルが身についており、それが夫との間でも再現されたものと考えられる。

　夫も、もともと「辛抱強い人、我慢強い人が好きだ」（#10）と語っており、C自身がもともと持っていた性格と夫の希望とが合致していたのである。その結果、Cは、夫に対しても、さまざまな感情、感覚を抑え込み、辛抱することで、身体感覚を感じること、つまり暗々裡の体験を触知することが、次第に難しくなっていったと考えられる。

　ジェンドリン（Gendlin, 1964 / 1999）が「私たちはしたいと思えばいつでも内的に感じられるある素材に直接注意を向け、それにリファー（照合）することができる」と述べるように、本来、Cも自分の身体に感じられたある感覚を感じながら生きてきたと思われる。しかし、早くに母親を亡くし、苦労が多かったCは、父親からは「耐えないといけない」と言われ、親の言いなりにお見合いで結婚したという経緯があり、自分の感覚、感情を感じ取る余裕はなかったと考えられる。さらに結婚後には夫との関係や、姑・小姑との関係でも辛い思いを辛抱し、実父のお見舞いに行くことも非難されたことで、気を遣いながら過ごしていた。

　そのような我慢し、自分の中の苦痛や違和感との相互作用が持ちにくい状況があっても、そのときに、そのような状況を聞いてくれる人が居り、誰かに話をすることで身体感覚は無視されることなく、相互作用を促すことができたと思われる。体験の流れは、誰かがそこに居て、静かに耳を傾けて聴いてくれることで、自然とその流れが触知され、相互作用が起こり、推進されていくものである。しかし、Cは「昔の嫌なことを思い出して、もっともっ

といっぱいあったが、あまり話したくない」(#1) と語ったように、周りにCの思いを受け止めて、聞いてくれる存在がおらず、C自身話をしようとする意欲さえなくして、我慢するしかないという構造に拘束された局面が繰り返されてきたのであった。つまり、「体験過程が暗々裡に機能している程度に応じて、人は彼自身に応答し、かつ彼自身の体験過程を推進させる」(Gendlin, 1964 / 1999, p.208) のであるが、Cの場合は、そのような応答の機会を得ることなく、体験過程は環境（他者）との相互作用を失い、暗々裡の体験は象徴化されることのないままであったと考えられる。身体感覚は環境との相互作用の中で生まれるものであるが、Cはこのような体験の流れを無視するような環境におかれ続けてきたのである。

2）構造拘束と抑うつ

暗々裡の体験は前概念的であり、「言語象徴（もしくは事象）との相互作用が実際に生起するときのみ、過程が実際に推進され、かくして明白な意味が形成される」(Gendlin, 1964 / 1999, p.183) のであるが、Cの暗々裡の感覚は、象徴との相互作用を失っており、構造拘束的（structure bound）な状況であり、体験過程が進行しない状況である。伊藤・西澤（2016）は、体験様式の進行していない具体的なあり様として、「主体から切り離された身体感覚」という表現を用いている。クライエントの語る体験には、さまざまな体験過程の様式があり、一見同じであるように見えるが、構造に拘束された様式のもとでは、欠如している箇所がある。つまり、外から眺めた場合に、体験過程の暗黙の働きが存在すべきであるのに、現実にはそれがなく「過程を飛び越えた構造と、その構造を取り囲んでいて、それを形成する可能性を秘めている体験過程だ

けが存在」（Gendlin, 1964 / 1999, p.205）しているのである。このように、身体に不快な感覚があり、「これさえなければ」と思うとき、その不快な感覚は主体から切り離された、身体症状となると考えられる。ここで言う主体とは、自己過程において自覚されている「自分」の部分であると考えられる。

　Cはこのような構造拘束的な体験過程が長期間にわたり維持され、繰り返されてきており、過程を飛び越えた構造、つまり暗黙の働きが機能しておらず、固定化した反応しかできなくなってしまっていたと考えられる。そしてその構造に拘束されたコミュニケーションが、長年にわたり繰り返されることで、主体とのつながり、交流を失ったフェルトセンスは、暗々裡の体験として、触知されることなく、未完のまま存在し続けたのである。

　ジェンドリン（Gendlin, 1964 / 1999）は、「直接の照合」（direct reference）に関する事実として、「もしも問題になっている事柄が不安を引き起こしたり、あるいはきわめて不快なものであったりした場合には、人が感じられた意味に直接照合するにつれて、この感じられた不快感は減少する」と述べている。つまり、人がさまざまな問題で不安や不快を感じたとき、それは直接の照合が起こり、体験の流れが推進されることで和らいでいくのである。しかし、Cの場合は、この直接の照合（触知）が生起していないので、不快感が減少することなく、その事柄にまつわる不安や不快感は存続し続けていた。この不快感を伴った身体感覚は、基本的に暗黙の働きを欠くものであり、象徴化が起こり得ない、体験過程から切り離された感覚として感じられてきた。そして、構造に拘束された象徴化されることのない不安や不快感もまたフェルトセンスと考えられ、直接の照合が生起しないため減少しないことで肥大化し、ハンドル（象徴）となる目鼻を見失い、混沌として「現

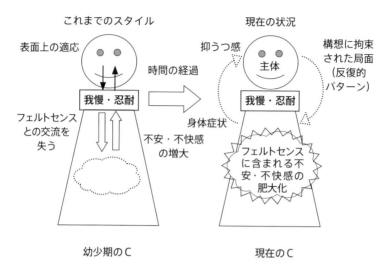

図13　我慢・忍耐による不安・不快感を含んだフェルトセンスの肥大化

在の状況によって変容を受けない反復的パターン」(Gendlin, 1964 / 1999) つまり象徴との相互作用を失った体験となったのである。Cは「何となくしんどい」といった抑うつ感としてそれを感じ取り、また身体の感覚は身体症状として訴えることしかできない状況となり、抑うつ感が強まり、反復的パターンが繰り返されていた。これは、Cの体験様式が、フェルトセンスとの交流を失い、自己の感覚が失われ、自分でもよく分からない身体的訴え（不安や不快感が肥大化したフェルトセンス）を繰り返し、表現するだけになっていたのではないかと考えられる（図13）。

3）交流を失ったフェルトセンス（身体症状）への関わり

　Cの訴える身体症状には、状況や問題についての意味が含まれている可能性があった。ただそれは構造に拘束された局面であり、

体験過程の暗黙の働きを欠いているので、その不安や不快感が肥大化することにより、どのように関わり、表現してよいか分からなくなっていたと考えられる。つまり、象徴化の方法を失い肥大したフェルトセンスは、主体との交流を失ったまま、身体の中でさまざまな身体感覚を引き起こし、身体症状あるいは抑うつ感として感じられていた。そこには、構造拘束的な局面と、その構造を取り囲んでいる相互作用を形成する可能性を秘めた体験過程の両方があると考えられる。

　構造拘束的な局面において、体験過程を推進させるには、暗々裡の体験と象徴との相互作用が必要であり、その相互作用を生み出すものは、他者の応答なのである。ジェンドリンが「もしもある応答が存在するならば、ある相互作用過程が進行中である」（Gendlin, 1964 / 1999）と述べるように、他者との応答によって、その応答以前には過程が存在しなかった箇所に体験の過程を再構成化することが可能になるのである。構造拘束的な局面において、相互作用を形成する可能性を秘めた体験過程は、身体症状として、微かに象徴化を求め（つまりは相互作用を求めて）Ｃ（主体）に伝えられているのであり、セラピストとしては、不安や不快感を伴った「フェルトセンスとしての身体症状」を感じ取ることが必要であった。例えば、胃の痛みや吐き気（#4）について、納得できなさ、腑に落ちなさを感じ、喉の違和感、空洞感（#7、8）には、何か喉の通りにくさ、飲み込みにくさがあり、さらに、鎖骨の痛み（#7）には、のしかかるような重圧があるのでは、というような追体験（池見、2016）をしながら、身体的な訴えの中に、何か意味を含んだ感じ（フェルトセンス）があるのではないかとセラピスト自身の身体感覚（フェルトセンス）を触知しながら聴いていったといえる。もっとも、これは追体験により生じたセラピスト自身のフェルトセンスであり、

Cにとっては、その時点では、単に苦痛であり、排除すべきものでしかなかったと考えられる。

　そこで、セラピストは、Cのフェルトセンスとの関わり方にも注意を向け、主体、我慢する態度、身体症状との関係性の全体を感じ取っていくようにした。つまり、これはセラピストのその場におけるフェルトセンスを感じることによって生じてくるクライエント自身のフェルトセンスの触知および、そのフェルトセンスへの関わり方の触知という二重の触知である（p.64、図10参照）。同じような苦痛が繰り返し語られ、またそれにどう対処したらよいか話し合う中で、どうもそれは「家に帰ると強く感じられるようである」ことが分かり、セラピストはその感じを、すぐに排除しようとするのではなく、その感じを大切にするように促した（#3、8、11）。つまり、身体症状に対するCの関わりを、排除すべきものから、もう少し目を向けて、何か大切なこと、意味を含んだものである可能性があるのではという感覚、つまり「フェルトセンスとしての身体症状」へと少しずつ意識の変容を促したのである。さらにセラピストは、Cのこれまでの「我慢する」という態度に着目し、まずはそのような状況を語ってもらい、少しずつその態度を緩めて、我慢ではなく素直に夫にやってほしいことを伝えたり（#9）、できないことはできないと言ったりすること（#10）で、Cの中にある体験（感覚）を表現するように促していった。これはまさにC自身の暗々裡の体験の触知であり、その感覚との相互作用による象徴化によって言葉が生まれてくるというプロセスであり、自己一致ということにもつながる。

　面接後半では、これまでの姑、小姑の関わりについて、Cは「型にはめようとするので嫌である。私は私のやり方でやりたい」（#10）と語り、「反復的パターン」として周りの状況が自分の感

覚との相互交流を妨げるような関わりであったことを認め、これまで触れることのなかった何かを感じ取り、フェルトセンスからの言葉（象徴化）として、しっかりとした口調で語ることができるようになった。その後も、喉の違和感への注目や、夫が何の手伝いもしてくれなかったという状況を、怒りを込めたきっぱりとした口調で語る中で、「喉の違和感は少しましになった」（#10）と微妙な身体の変化を感じ取ることができるようになり、その状況における身体感覚（フェルトセンス）との相互交流をさらに促していくことになったのである。そして、Cはこれまでの喉の違和感といった身体症状を、胸の「息苦しさ」（#10、12、13）として語るようになったが、これは構造に拘束されていた局面から、体験過程にリファーすることができるようになり、フェルトセンスとして感じられた身体感覚の言語化であると考えられる。セラピストよりその息苦しさに対し〈身体のどこかが受けつけていなかったのでしょうか……〉（#12）とフェルトセンスからのメッセージに耳を傾けるように尋ねると、しばらく考えて「拒絶しているのでしょうね」と語り、さらに家での息苦しさを、「（夫が）ほんと、何にもしてくれなかった……」（#12）としみじみと語ることで、フェルトセンスとの相互作用（その感覚の触知と象徴化）が生起していたと考えられる。これは、フェルトセンスとの交流を遮っていた「我慢する態度」を言葉にすることで、「反復的パターン」に目を向け、本来自分の中にあった暗々裡の体験を触知し素直に自分の思いを伝えることで、その態度を緩めることになったのである。それにより、構造拘束されていた体験過程への「直接の」リファーが可能となり、フェルトセンスとの交流を取り戻したことで、象徴化が促されていった表れである（**図14**）。また、長くCの中にあった不安や不快感が肥大化し、構造に拘束されていた体

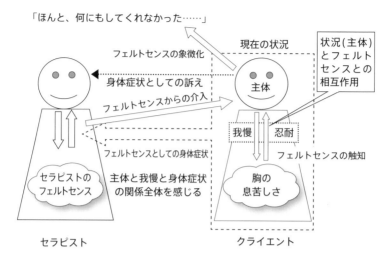

図14　セラピストの「フェルトセンスとしての身体症状」への関わり

　験過程がセラピストの応答により推進された結果、身体症状や不快感を含んだフェルトセンスとして関係を見つけることで、相互作用が可能になった。その結果、我慢するという態度で構造拘束的であった体験過程が推進され、不安・不快感を含んだフェルトセンスはシフトして、それほど不快ではない感覚として感じられるようになったと考えられる。そして、最終的には、「息苦しさ」という象徴として表現されるに至り、そのフェルトセンスと主体とのスムーズな触知を取り戻すことが可能になった過程であったと理解できる。

4）フォーカシング指向心理療法の面接プロセス

　Cが繰り返し訴える身体症状（胃の痛みや吐き気、鎖骨の痛みなど）を、体験から切り離された感覚として捉え、体験過程の象徴化が失われたことで、フェルトセンスに含まれる不安や不快感が肥大化し

たものとして理解した。セラピストは、Cの我慢するという姿勢により構造拘束が生じ、本来の体験過程のプロセスが機能しておらず、相互作用が生じないようなパターンが繰り返されている「体験過程の様式」をセラピスト自身のフェルトセンスを通して触知し、Cに暗々裡の意味と言葉との相互作用を少しずつ促した。そのために構造拘束的な局面を生んだ状況を語ることで、主体と我慢すること、さらには身体症状との関係を取り上げていった。その結果、構造拘束的なパターンを含んだ体験にリファーできるようになったと考えられ、これまで身体症状としてしか表現されなかったものが、フェルトセンス（胸の息苦しさ）としてやさしく感じ取られるようになり、暗々裡の機能が回復し体験との相互作用が生起することで、象徴化が促されていったと考えられる。なお、その際に、セラピストのフェルトセンスを通した応答も重要であった。セラピストの発した言葉は、セラピストの中で体験されていた感覚（フェルトセンス）を触知し、それをそのまま言葉にしたものであった。これは、その場の状況によって生み出された言葉であり、セラピストの体験であるとともに、Cの体験の流れでもあると考えられ、まさに交差が起こっていたと考えられる。面接はこのように常にその場にいる二人の相互作用により、その場の状況により作り出されていく1回限りのものであり、それを導いてくれるのは、セラピスト自身のフェルトセンスへの触知による発言であり、さらにクライエント自身の感覚、つまり二人のその場におけるフェルトセンスなのである。

第5章 フォーカシング指向心理療法　Q&A

Q1 フェルトセンスとそうではない身体の感じとは、どのように見分けるのか。

A フェルトセンスは、本来われわれの体験の一部として、誰もが感じているものである。ただ普段は意識をそこに向けることがないので、これが"フェルトセンスだ"というものをすぐに感じることはなかなか難しい。

そこで、もし何か感じられるものがあるなと思ったら、それをフェルトセンスとして、意識を向けて味わってみることをお勧めする。すると、その感覚が大きくなったり、小さくなったり、あるいは当初とは少し違う感じがしてくることがある。食事の後で、お腹が張っているな、野球をした後で肩が痛いなという感覚では、そこに意識を向けても、その感じは変わることなくそこにあり、特に意識を向けたからといって、お腹の張りが小さくなったり、肩の痛みが強くなったりすることはない。この場合はフェルトセンスではなく、単なる身体の張りや痛みだと考えられる。ただ、肩こりの人が、肩が痛いといったとき、それが単なる身体の痛みなのか、あるいはフェルトセンスとしての感覚なのかを見分ける

のは、なかなか難しいだろう。初めは、痛みでしかなかった肩の感じが、時間をかけゆっくりと感じることで、その感覚が少し移動したり、大きくなったりすることがある。その感じに意識を向けることで、その感じへの関わり方が変わり、その感覚との相互作用が生まれるのである。このように、フェルトセンスは生きているものであり（第1章3.1 p.43参照）、そこに注意を向け、その存在を認めることでより生き生きと動き出し、その感覚を触知し象徴化が起こることで、思いもよらなかった言葉や気づきが生まれてくる。フェルトセンスの感覚をより確かに見分けるには、フォーカシング・セッションなどにより、フェルトセンスとの直接の関わりを丁寧に行うことで、その確かな実感としてのフェルトセンスを自らが体験し、また相手の中の動きとして体験することが一番であると思う。

Q2 クライエントの見立てはどのように行うのか。

A1 見立ての必要性とその限界

フォーカシング指向心理療法において、見立てはそれほど十分に議論されていない。それは、フォーカシング指向心理療法においては、そもそも従来の見立て、病理というものに対する視点・理解の仕方が、基本的に異なるところがあるからだ。つまり、クライエントの心の状態を見立てる際に、今ある心の状態の病理、歪み、問題を理解し、そこに働きかける、といった発想とは少し異なるところあるのだ。フォーカシング指向心理療法においては、クライエントの心は、状況との相互作用により常に変化し、流れていくものという前提がある。心はこのような状態であ

ると言った定型的な形で、見立てたり、理解し介入したりするというものではなく、セラピストと共にいる面接の場において、クライエントは対話の場の状況を感じることで、心は刻一刻と変化し常に流動的である。面接場面における二人の状況により生み出されてくる言葉（概念）は、その場限りの体験であり、その体験の流れへの関わり方こそが最も重要である、という発想である。つまり、初めからクライエントの心理的な問題や課題には着目していないのである。

とはいっても、クライエントの心理的な問題をまったく考慮しないわけではなく、やはり心理臨床の実践においては、専門家としての最低限の理解は必要である。精神病レベルのクライエントや、人格障害、発達障害などのクライエントには医学的な診断が必要であり、場合によっては投薬・入院などによる治療が有効であるかもしれないという判断は必要になる。もっとも、人格障害から神経症レベル、そして適応や生き方の問題などがあるクライエントに対しては、その体験過程の視点からの見立てを行うことで、十分に支援が可能である場合がある。

A2 フェルトセンスとの相互作用による見立て

体験過程の視点から見たクライエントの見立てとは、クライエントの語りがどれだけ体験の流れに目を向け、暗々裡の機能が働き、体験の象徴化（言語化）が起こっているか、つまり自己過程が機能しているかということになる。第2章1.（p.57）で述べたEXPスケールの視点が参考になることもある。逆の視点から見ると、どれだけ体験が構造に拘束され、暗々裡の意味と象徴（言葉やイメージ）との相互作用が欠如し、私たちが外側から眺めた場合に体験過程の暗黙の働き（暗々裡の機能）が存在すべきで

あるのに現実にはそれがなく、過程を飛び越えた構造と、その構造を取り囲んでいて、それを形成する可能性を秘めている体験過程だけが存在する（これはいわゆる「構造拘束」の状態である）にすぎないかということである。このような状態では、いくら話を聞いて、理解を深めようとしても、体験の流れが構造に拘束されているので、その構造から外れることができず、同じような話の堂々巡りとなることが多い。

　フォーカシング指向心理療法における見立てとは、話の内容やこれまでの体験、クライエントの人格というよりも、今まさにクライエントがどのような体験過程の様式をとっているか、つまり体験の流れに対する相互作用の状況・程度によって、理解していくことである。

A3 フォーカシング指向心理療法における見立てのポイント

　上で述べた見立てのポイントを図示すると、図15のようになる。つまり、クライエントの意識や語りが、どの程度体験の

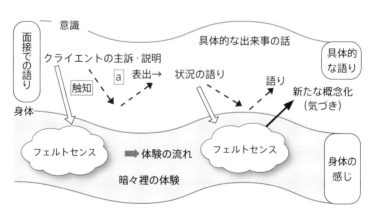

図15　面接のプロセスにおける見立てのイメージ

流れに触れ（⇒）、そことの相互作用が起こっているかということである。逆に体験の流れとはかなり距離があり、フェルトセンスへの触知がないままに（-- ➔ⓐ）、話が進んでいく中で、クライエントの体験の流れとの関わり方が見えてくる。

　このような理解を基に、今後どのようにしたら暗々裡の機能が働き、フェルトセンスとの相互作用が起こるような状況、つまりクライエントの意識をどのようにして体験の流れへと誘い、それを感じ触れられるようなクライエント－セラピストの関係性（状況）を形成できるか、を見ていくことになる。

Q3 対話においてセラピストは、クライエントのフェルトセンスをどのように感じ取れるのか。

A 通常の面接場面において、クライエントが自身のフェルトセンスをどのように感じているかが語られることは、ほとんどない。しかし、その対話において、クライエントの中には確かに体験の流れ、フェルトセンスというものがあり、暗々裡の意味が存在するのであるが、それに目を向け、触知することができないだけである。セラピストは、クライエントの中に流れている体験を、対話を通して触知していく。それは、間主観性によって感じ取っていくことであるとも言える。間主観性とは、「相互主観性」「共同主観性」とも言われ、それぞれの認識主体が、それぞれの主観を働かせているとき、その主観が各主体に共有されていること、つまりセラピスト－クライエントという二人の主体が、共同して共有された主観的世界を作りあげている状況である。クライエントのフェルトセンスは、このように二人の主観の世界を重ねあわせ、共同することで作り上げられた世界であり、その状

況から感じられるものである。ここで、二人の主観といったとき
に、そこには個々の主観があると捉えることもできるが、間主観
性では、むしろ人間の主体的な感覚はこの「間」にこそあるもの
であり、人は「間」的な存在なのである（紅林、1989）。このことは、
フェルトセンスの特質ともつながるところであり、フェルトセン
スは、セラピストとクライエント二人の存在によって作り出され
るその場の状況に対する感覚であり、常にその状況を反映するも
のであり、セラピストの存在そのものが必然的にその状況に組み
込まれているのである。したがって、セラピストがその場の状況
を感じ、セラピスト自身のフェルトセンスを感じることは、クラ
イエントの感じるフェルトセンスを感じることにもつながる。こ
のようにフェルトセンスそのものが常に間主観的な感覚として面
接の場に存在しているのである。

Q4 クライエントがフェルトセンスを感じられないときは、どのようにするのか。

A フェルトセンスは、すでに述べたように、4つの側面（出来事、イメージ、感情、身体感覚）を通して、感じることができるので、この4つの中でクライエントにとって最も馴染みのあるものから始めるとよさそうである。

　ある出来事に強くこだわって、そのことが忘れられず繰り返し
語られる場合などは、その出来事の起こった状況をできるだけ詳
しく語ってもらう。あたかも今その状況にいるかのように、詳し
く思い浮かべて語ってもらう。そして、その場面のイメージやそ
のときの感情、さらにその場の空気感のようなものまで思い出し
て、語ってもらうことで、今まさに体験しているような状況となり、

クライエントの体験の流れが今ここでもビビッドに感じられるようになり、その感覚に目を向けやすくなると考えられる。この出来事を語るということは、通常の心理面接においても語られることであり、表面的にはなんら変わるものではないが、フォーカシング指向心理療法で着目するのは、その出来事の事実関係や具体的な内容ではなく、そのときに（そして今）感じられている体験の流れであり、その場における身体的な感覚（フェルトセンス）である。

　ただ、その際に気をつけないといけないのは、あまりにもその出来事のインパクトが大きかったり、外傷的なものであったりすると、その場での感情（怒りや恐怖）や浮かんでくるイメージが強すぎて、圧倒されることがある。そうすると、逆にフェルトセンスを感じにくくなることもあるということである。フェルトセンスを感じるには、安心感、安全感がまず保障される必要があり、今まさに感じるフェルトセンスと、適度な距離をもって関わるゆとり、安心感がないと、難しい場合がある。フェルトセンスとの程よい距離については、吉良（2015）の論考が参考になる。

Q5 フェルトセンスに触れて、それを言葉にすることで、クライエントがしんどくなることはないのか。

　A　フェルトセンスに触れること、そしてその感じを象徴化し言葉にすること（触知）は、クライエントにとって苦しいことであり、しんどくなることもあり得る。そのような疑問や感覚を持ってフェルトセンスに触れていくことは、臨床家としてはとても大切なことであり臨床のセンスが高まることである。つまり、その人にとってまだ言葉にならない曖昧で、漠然とした感覚に注意を向けることはとても不安で、恐怖を感じることもある。そこ

で重要になるのは、これまで述べてきた準備段階での面接の場における安心感、安全感の共有であり、ありのままを受け入れてくれるセラピストの存在である。そのようなクライエントとセラピストの安心できる状況が形成されていないと、その状況から生まれてくるフェルトセンスは、クライエントの体験に開かれた生き生きとしたものとしては感じられず、結果としてフェルトセンスと言葉との相互作用も起こりにくくなる。

　それともう一つ大切なのは、クライエントの感じたフェルトセンスを言葉にするのは、あくまでもクライエント自身であり、セラピストではないということだ。これはとても大切であり、セラピストが「今、あなたの中にあるそのもやもやした感じを、表現するとしたらどのように言えるでしょうか」と尋ねることはあっても、その体験から言葉を紡ぎだし、それを今ここで口にするかを決めるのは、クライエント自身である。したがって、今はまだそれをうまく表現できる言葉が見つからない、あるいは言葉にできないということであれば、それは大切なクライエントの感覚なので、それも尊重する必要がある。このように、フォーカシング指向心理療法は、フェルトセンスとの相互作用を促す方向での関わりではあるが、常にそうしなければならないということではないし、ときにはそれをあまり進めない方がいい場合があるかもしれない。

Q6　セラピストとクライエントの関係は、どのように影響するのか。

　A　フォーカシング指向心理療法において、セラピストとクライエントの関係性は、三つの側面において、重要な意義を持っている。

まず、一つ目に、Q5で触れたように、フェルトセンスに近づき、感じられるようになるには、その状況が安全であり、安心できるという感覚が必要である。それがないと、暗々裡の意味との相互作用は機能しないと考えられる。したがって、セラピストは、クライエントとの場の共有や対話場面において、何か自分でもよく分からないような感覚に触れたとき、クライエントがこれに注意を向けていても大丈夫なのだ、自分は一人ではなく隣にはセラピストがいてくれるのだ、という感覚を持てるような状況を作り出していく必要がある。これは、従来の面接においても、信頼関係、ラポールといわれるようなセラピスト－クライエントの関係に近いが、フォーカシング指向心理療法の場合は、そこにフェルトセンスへの信頼と関わり方の技術があることが、必要となる。

　フェルトセンスへの信頼とは、セラピスト自身がフェルトセンスとはどのようなもので、さまざまな感じられ方、動きをすることがあるが、その曖昧で漠然としている感覚はクライエントにとって大切なもの、何かを伝えようとしている意味あるものである、という感覚を持っておくことである。それは、頭で理解するというよりも、これまでのフォーカシング・セッションやフォーカシング指向心理療法において、フェルトセンスに目を向けその体験の流れに沿っていくことが、クライエントを豊かで生き生きとした感覚へと導いてくれるのだ、という確かな実感に裏打ちされたフェルトセンスに対する信頼感である。

　また、関わり方の技術については、ときにフェルトセンスが大きく感じられ、圧倒されそうになったり、ずきずきと痛みを感じ苦しくなるといった場合でも、どのように距離をとったり、伝え返しを行ったりすれば、その脅威や不安を和らげることができるのかという方法を知っている、ということである。どのような状

況でもきちんと対応できる方法があることを知っておくことは、セラピスト自身の安定と自信となり、またその場の状況の安全感にもつながるところである。それがクライエントには安心感、安全感として感じられていくものである。

　セラピスト－クライエントの関係の二つ目の側面は、クライエントが日常的な訴えを繰り返し、構造に拘束されている状況で、セラピストが対話の場において、クライエントが体験の流れに目を向け、何かそこにあるものを感じられるように、促しや介入を行うことである。クライエントにとって、フェルトセンスに目を向けるのは、日常とは異なる体験であり、一人でそのような状況になることはほとんど考えられない。特に、相談にやってくるクライエントは、自己不一致の状態にあり、自らの体験の流れを感じ取り、それを言葉にするような体験への関わり方は不得手である。対話の場において、セラピストがクライエントにとってまだ言葉になっていない何か、未知なる何かが感じられていることを、やさしく指し示し、その感覚に目を向けるように促していくことが、セラピストが存在し、関係を持つ意義でもある。

　最後に、セラピストの存在は、フェルトセンスへの関わりを促すだけではなく、そのフェルトセンスそのものが、その場の状況により形成されてくるので、必然的にセラピスト自身もクライエントのフェルトセンスの形成に関与し、影響を与えることになる。特にセラピスト自身が自らのフェルトセンスを感じて、言葉にするとき、セラピストとクライエントの体験の流れが重ね合わされ、交差がおき、新たなその場の状況が生まれ、フェルトセンスも変化していく。その二人が存在する状況の感覚が象徴化され、言葉になることで、これまでとは異なる新鮮で意外な言葉（概念）が生まれることになり、場合によっては気づきといわれるような体

験的一歩が生じることがある。このように、セラピストは常にクライエントの新たな体験の流れの形成に関与し、共にそれを体験していくことになるのである。

Q7 面接に行き詰まったときには、どのようにするのか。

A 面接がうまく進まないとき、行き詰まりを感じセラピストとしてもどのようにしたらよいか、分からなくなることもある。アン・ワイザー・コーネル（Cornell, 1994 / 1996）は、フォーカシングを妨げるものとして、「それを批判すること」「それを疑うこと」「それを過小評価すること」「それを押しつけること」「それを急がせること」「それを怖がること」「それを直すこと」「それに選択を強いること」の8つの要素を挙げている。

特に最初の三つは、クライエントの中に、何かよく分からない感覚が出てきたときに、〈内なる批評家〉〈疑惑者〉として出てくる、「何をやってもだめに決まっている」「それを信じてまた傷つくのでは」といったクライエントの内側から出てくる否定的な声であり、このような声によってフォーカシングのプロセスは妨げられることがある。これは、クライエントの長年にわたる体験の積み重ねにより、体験との相互作用が機能する際に動き出すものであり、フォーカシングの進展を邪魔するものである。別の言い方をすれば、これは親や社会との関係で形成されてきた超自我として捉えることもでき、常にクライエントの体験として感じられ、言葉として生起したことに、批判を与え、疑いの目を向け、さらにはその効果を過小評価することで、その流れを妨げようとするものである。フォーカシング指向心理療法においては、この〈批評

家〉〈疑惑者〉に対しても、フェルトセンスと同じように関わることになる。まずはその〈批評家〉と感じられる何かがあることを認め、その〈批評家〉との関係を見つけ、場合によっては少し距離をとり、離れてみたり、少し近づいて触れてみたりして、この〈批評家〉〈疑惑者〉として感じられるものも、クライエントにとって大切な一つのフェルトセンスとして友好的に関われるようになることで、妨げは少なくなると考えられている。

　残りの5つは、クライエントのフェルトセンスへの関わり方の問題であり、フェルトセンスの動きに、クライエント側から何かを押しつけたり、その動きを急がせたり、さらにはそれを直そうとすることも、妨げになりうるのである。フェルトセンスへの性急で、操作的な関わりは、フェルトセンス本来の伸びやかで、柔軟な生きた動きを妨げ、体験過程の流れを妨げることになる。このような5つの妨げの対極にあるのが、フェルトセンスを「あるがまま」に受け止め、そのまま認めるという触知の姿勢である。そしてこれはフォーカシング指向心理療法のすべての過程における基本的な姿勢である。

　コーネルが指摘した8つの要素は、いずれもクライエントの側の要因による行き詰まりであった。ここで、セラピストの関わりによる行き詰まりについて考えてみたい。セラピストは、対話の場において、クライエントがフェルトセンスに目を向け、相互交流が生起し、自らの体験の流れを生き生きと言葉にすることを望んでいる。そのために、セラピスト自身もその場の状況に対する自分のフェルトセンスを触知し、伝え返そうとする。しかし、場合によっては、その場の状況をどうもビビッドに感じ取り、それをうまく言葉にできないことがある。セラピスト自身がその場に居て、自らのあるがままの体験の流れを感じ取ることができない

ような状態、つまり構造に拘束されているような状況に陥ることがある。その際は、面接が終わってから、自らの体験の流れを振り返るために、セラピスト・フォーカシング（吉良、2010）を行ってみることができる。セラピスト・フォーカシングとは、セラピスト自身が面接において感じていた体験を、フォーカシングの経験のあるスーパーバイザーなどに聞いてもらうことで、面接の場で何が起きていて、セラピストはクライエントをどのように感じていたか、そのときのフェルトセンスに改めて別の場で触れることで、理解を深めていく、というものである。

Q8 セラピストのフェルトセンスは、どのように活用できるのか。

A　この問いは、面接の場において、セラピストとクライエントが居て、話を聴くときにセラピストの中に湧き上がってきた感覚、感情やイメージなどを含むフェルトセンスは、どのように面接で活かすことができるかということであろう。しかし、これまでのフェルトセンスおよびフォーカシングの説明で示してきたように、フェルトセンスは、その場の状況に対するフェルトセンスであり、面接の場にはセラピストが存在しているので、必然的にクライエントのフェルトセンスの中にはセラピストの存在は含まれており、また当然セラピストのフェルトセンスの中にもクライエントの体験の流れは含まれており、その感覚を抜きにして、クライエントを理解し、共感するというようなことはありえない。つまり、セラピスト－クライエントの体験の重ね合わせによるその場の状況のフェルトセンスを、お互いが間主観的に感じ、それをお互いが象徴化（言語化）していくことになるので、面接

の最初からセラピストのフェルトセンスは、常にクライエントの理解に関与し、影響を与えているのである。「間」の相互性あるいはフェルトセンスの相互性というものであり、クライエントのフェルトセンスとセラピストのフェルトセンスは、別のものではなく、常につながっており一つの状況を共有しているのである。

　セラピストのフェルトセンスを、クライエントとの関係において湧き上がってくる特別な感情、体験として捉えるのは、クライエントとセラピストは別々の個体であり、その体験も異なるものであるという理解によると考えられる。例えば、「逆転移」という言葉で、セラピストの中に湧きあがった感覚を、クライエントの理解を妨げるものと理解し、また他方でその湧きあがった感覚を、クライエントを理解するための手がかりとして活用していこうとする見方もある。これは、もともとセラピストの心は、真っ白なスクリーンであり、そこにはクライエントのさまざまな心のあり様が映し出されるという考えであり、そのスクリーンが真っ白ではなく、しみがあったり、色がついていたりすることにより、セラピストの中に逆転移としての感情が湧きあがってくるという理解である。

　フォーカシング指向心理療法においては、セラピストをそのような真っ白なスクリーンとしては見ておらず、クライエントと同じようなさまざまな体験の流れをもった一人の人間として考える。面接においては、それぞれの体験の流れがその場の状況に影響を与え、それがフェルトセンスとしてお互いに感じられるのである。したがって、面接の場においては、セラピストのフェルトセンスは常に活用されており、セラピストは自らの体験の流れに常に目を向け感じ取りながら、クライエントの話を聴くことになるのである。

Q9 子どもに対してこの方法は使えるのか。

A 子ども、特に幼児は自分の体験について、目を向けたり言葉にしたりすることが難しい。それは、まだそこまでの認識能力が発達していないからともいえるが、そもそも子どもは自分の体験と、それを感じて言葉にすることとの間に距離がなく、そのまま表現しているので、意識することもないと考えられる。つまり、子どもは常に何か（フェルトセンス）を感じ、それに基づいて行動し、体験の流れを日々実感しつつ、それをどのように表現したらよいかを学んでいる時期にいるといえる。ロジャーズの自己概念で言えば、子どもは自分の体験と自己概念とが限りなく一致している状態に近く、生まれてきたばかりの赤ちゃんは、最も自己一致に近い状態である。体験（空腹、不快、喜び）がそのまま即座に表現され、体験と概念（表現）との間にはズレがない。このように考えると、子どもはまさにフェルトセンスの塊であり、常にフェルトセンスを感じ、それを触知しようとしていると考えられる。例えば、幼児が、蝶が飛ぶのをじっと見ている。そのときに、子どもの中には何か分からないが、それに関心を持ち、惹かれる"何か"がある。これは体験の流れであり、フェルトセンスといってもよい。そして、その蝶に手を伸ばし摑もうとしたり、先生の顔を見てにこりと笑ったりする。幼児はまだ言葉（概念）というものが少ないので、それをどう表現したらよいか分からず、体験の象徴化が難しいが、表情であったり、手を伸ばす行動であったりで表現される。このように、子どもは常に自分の体験に開かれており、体験の流れに沿って動いているのである。そして、その隣に居る大人が共感的に「ちょうちょ、飛んでいるね」と話

しかけると、子どもはさらに嬉しそうに「ちょうちょ、飛んでいる」と、自分の体験とその表現とがぴったりくることを確かめるように、その言葉を繰り返すのである。これは、まさに暗々裡の体験と明示的な意味との相互作用であり、体験過程の推進である。幼児は、このような体験を積み重ねていくことで、自己過程が自然に機能するようになり、自己一致の状態で居られるのである。

　少し大きくなり、児童期から思春期になると、自分の体験を自らの言葉で語れるようになる。しかしその言葉もまだ十分ではなく、しかもそれを聞いてくれる相手がいないと、自分の体験の流れに注意を向け、そこから言葉が生まれてくるということは難しいところがある。つまり、子どもたちにこそ耳を傾ける大人がそばにいて、なかなかうまく言葉にならない体験の流れを、ゆっくりと一緒に味わってやることが必要になるのである。

　このような子どもに対するフォーカシング的なアプローチは、Stapert&Verliefde（2008 / 2010）によって理論的、実践的な考察が行われており、また日本においても実践報告が行われつつある（矢野、2020)。

Q10 フォーカシング指向心理療法を学ぶには、どのようにしたらよいか。

A フォーカシング指向心理療法を学ぶには、まずはフォーカシングそのものを、フォーカサーとして体験してみることである。もちろん本を読んで、その理論的な背景や体験過程を推進するための介入の教示を理解することも大切であるが、それにはまず自らがフォーカシングを体験してみることである。フェルトセンスとはどのようなものなのか、また、それはどのような動

きをし、クライエントにとってどのように感じられるのかを、自らの体験を通して理解することが、クライエントの体験の流れを理解するためにもっとも有効な方法である。フォーカシングは、第3章で触れた柔道の練習にもたとえられるように、自らの身体の感覚により身につけていくところがあり、一つ一つの関わり、伝え返しを繰り返し練習する必要がある。つまり、「方法としてのフォーカシング」を十分に学ぶことで、フォーカシング的な態度が身につき、またどのように介入し、進めていったらよいかが分かってくるので、そのうえで面接での実践を行っていくほうがいいと思われる。

　フォーカシングの体験は、フォーカシング・セッションとして示したように、少しフォーカシングを学び、リスナーとしての経験のある人が聴き手であれば、誰でも体験できるものである。特にフォーカシングの経験を重ねて、その指導ができる人を、国際フォーカシング・インスティチュート（The International Focusing Institute ; TIFI）が、フォーカシング・プロフェッショナル（認定コーディネーター、トレーナー）として登録している。また、日本フォーカシング協会のホームページでも、多くのフォーカシングの研修会や個別のフォーカシング・セッションの案内が掲載されているので、参考にしていただければと思う。

　@日本フォーカシング協会（https://focusing.jp）

　@国際フォーカシング・インスティチュート（The International Focusing Institute）（https://focusing.org）

おわりに

　本書を読んでいただき、皆さんはどのような感想を持たれただろうか。まだ読んでいないという方のためにも、少し全体を振り返って、今の思い（感覚）を言葉（概念化）にしてみたいと思う。

　書き終わった今の感覚としては、どこか落ち着かず"そわそわ"した感覚がある。それをもう少し言葉にすると、本書を読んで、読者の方に私の伝えたいことがちゃんと伝わっているだろうか、また読んでみて少しでも得るものや納得できる思いを持ってもらえただろうか、という感じである。そう、私の中にあったそわそわ感とは、読み終わって、何か刺激があって面白かった、何か役に立ちそうだ、なるほどそういうことか、といった少しでも読んでよかったという手ごたえを感じていただけただろうか、という不安な気持ちである。

　今、こうやって振り返ってみると、いくつか気になるところが浮かぶ。まずは、理論的な整合性という視点から論理的に説明できているかという不安だ。もともとジェンドリンの理論は難解であり、またロジャーズの著作は膨大な量があり、そのすべてを私が理解できているわけではない。ジェンドリンが述べていることと、私が理解したことが本当に合っているのか、私が間違って理解していないだろうか、また述べていることは間違っていないだろうか、という不安である。

　さらに、本書で、私はいつくか新しい言葉を使っている。例えば、

体験へのリファーを、体験の「触知」と表現した。また、体験の交差を「重ね合わせ」とも表現した。このように微妙に違う言葉で表現したのは、やはりそれなりの理由があり、そこには元の表現では伝えられない何かがあり、それを超えて、もっと多くの意味を含んだ、また日本語として分かりやすい表現を使えたらという思いからだった。言葉の使い方については、私は大学院の頃にお世話になった北山修先生の影響を受けたところがあり、カンファレンスでの北山先生の表現や言葉の使い方に魅了されるとともに圧倒されていた。そして、その後の日本語臨床研究会にも参加させてもらった。その中で自分の語彙力のなさ、表現の拙さに何回も直面し、情けなくなることもしばしばあった。そして、私なりにたどり着いた表現は、たとえ拙くても自分の感覚にフィットする言葉、表現を使えれば、それでいいのではないかということだった。そのような思いで、本書でもできるだけ自分の感覚にフィットする表現をと心がけ、いくつかの新たな表現を使った。

　ここまで書いてきて、私の中にあったそわそわ感は、象徴化され、推進されて少し変化してきた。今は、少し"わくわく"した感じもある。私がフォーカシングに出会ったのは35年ほど前であり、そこからフォーカシングの体験、そして心理臨床におけるフォーカシング的なアプローチの実践を積み重ねてきた。その体験を曲がりなりにも書籍としてこのようにまとめることができたという喜び、感慨深い気持ちも湧いてきた。さらに、私なりの理解や言葉でまとめたが、それは私自身の理解、考えであり、それを皆さんはどのように受け止められたかを、ぜひ知りたいという思いもある。多くのご意見、ご批判、あるいは賛同の思いがあれば、ぜひそれはお聞きしたいと思っている。皆さんとの交流（交差）が起こることで、私の理解もさらに深まり、またフォーカシング

指向心理療法もさらに発展していくのではないかと思っている。

　そう。ここでさらに別の感覚が湧き、「私はフォーカシングが好きなのです」という言葉が浮かんできた。そしてフォーカシング指向心理療法を、少しでも多くの皆さんに知ってもらい、参考にしてもらえることで、面接において、クライエントさんとの関係がより自然なものとなり、滑らかな対話（自己過程）が流れていくことを切に願っている。ここにきて、私の中により確かな感覚が湧き、それを言葉にすると「この本が、フォーカシング指向心理療法を知ってもらうきっかけになればいいな」という思いがあることがはっきりしてきた。

　分かりにくい表現もあったかと思うが、ぜひ今後も関心を持っていただいた方との交流（交差）を続けていき、フォーカシング指向心理療法の理論と実践が少しでも発展することを切に願っている。

2022年春　龍谷大学講堂（重要文化財）に臨む研究室にて
内田利広

用語解説

用語解説で取り上げた語は、本文初出に＊で示している。

インプライング（implying）

　われわれの身体は、体験の流れの中に暗々裡に状況と言葉を持っている。つまり、われわれの身体はわれわれのさらなる生の次の一歩を含んでいる。これがインプライングということであり、生き物はすべてその生命の中に、それ自身の次のステップを用意しているということである。例えば、お腹がすくという体験は、その中に何らかの方法で食べ物を求めて食べるということをすでに含んでいる。食べ物を見つけて、食べたとき、体験は推進され、食べるということには別のステップがインプライされているのである。もしある行動にインプライされている次の一歩が成就されない場合、その体験の流れを繊細な仕方で感知すると、何かが欠けている感覚を感じることができるのである。このようにわれわれの身体（体験）は、常にその次のステップに向かってインプライングしているのである。

構造拘束（structure bound）

　構造拘束とは、体験の過程がさまざまな局面において存在しているが、その相互作用の過程が欠如している状態のことである。体験の流れ（フェルトセンス）は、人の身体の中で自由に動き回り、さまざまな動きをする中で触知し少しずつ象徴化され、言葉として表現されることで、体験は次の流れへとつながっていく。しかし、体験過程が一定の構造を取り込み、次第にその構造に引っ張られていくような流れになることで、自由で伸びやかな体験の流れ（暗々裡の機能）が失われ、いつも同じような形でしか体験する事ができない（パターン化された表現）状態が構造拘束であり、その局面では自己過程として機能していないと考えられる。

再構成化（reconstituting）

　人々は常に身体と象徴との相互作用により生じてくる体験過程を感じており、それを「生き生きしてくる」「さまざまな面を感じる」というような形で

表現する。このような過程が存在しなかった箇所に、再度体験の過程を生じさせることが再構成化である。そして、この過程は、他者の反応が存在するならば、そこにはある相互作用が進行中であり、体験のある側面が過程として進行中なのである。過程として進行していない「体験」は、これまで心理学の中でさまざまな表現（例えば抑圧、制止された、否定された）で呼ばれており、ある意味では体験（暗々裡の体験）としてはいつも存在していたが、今までは感じられなかった、という事実があり、ジェンドリンはこのようなプロセスを指し示す用語として、体験過程の「再構成化」を用いている。

自己過程（self-process）および自己

　ジェンドリンは、体験過程が暗々裡に機能している程度に応じて、人は自分自身に応答し、かつ自分自身の体験過程を推進させており、体験と自分自身の（象徴的もしくは実際の）行動との相互作用そのものが「自己」であると述べている。つまり、ジェンドリンにとって、自己とは、何か一定の形や構造を持ったものを想定しているのではなく、常に暗々裡の体験との相互作用により生まれてくるプロセスそのものが自己であり、より正確には「自己」＝「自己過程」と呼ぶほうがいいのである。したがって、性格や人格といわれるような心の内容も体験過程の一局面に過ぎないのである。

実現傾向（actualizing tendency）

　この「実現傾向」は、ロジャーズがパーソン・センタード・セラピーにおいて中心にすえた考え方である。つまり、どんな人も本来の自己に成長しようという傾向を持っており、これは植物が自ら芽を出し、根を張り成長していくのと同じであると考えたのだ。人間も、どのような状況にあっても、成長し本来の「自己」になっていこうという傾向・エネルギーを持っており、これは人間に有機体として組み込まれているものであると考えている。そして、この実現傾向は、ジェンドリンにも引き継がれており、それは体験過程の推進により、よりその人らしくなっていき、自分自身になっていくプロセスであると考えられている。

　つまり、体験（フェルトセンス）は、その人が進むべき方向を分かっており、その身体の感覚に耳を傾けることで、その人の自己過程が促進され、自己が実現されるということになる。

純粋性（genuineness）

　ロジャーズは、セラピーを成功に導くセラピストの3条件の一つとして、この純粋性を挙げている。これは、自己一致とほぼ同義であり、セラピストがクライエントに関わる際の重要な態度であることを提示した。純粋性とは、セラピストが自分自身の内面で流れている体験に十分に開かれているということであり、まさに自分のフェルトセンスとの自然な相互作用が生じている状態と考えられ、自分のなかの体験の流れから象徴化された言葉が、そのまま表示されるという体験と自己概念（言葉）とが一致した態度である。セラピストが、職業上の建前や個人的な仮面にとらわれず、クライエントとの関係において真実に自分自身であればあるほど、クライエントは建設的な方向に変化し、成長する可能性が高くなる。

体験過程の様式（manner）

　様式とは、「習慣・約束などで定められたやり方」ということであり、生活様式、行動様式などで使用されている。つまり一定の定まった生活や行動のやり方ということであるが、ここではその人なりに定まった体験のやり方ということである。人にはこれまでの習慣や経験によりその人なりに身についた一定の体験のやり方があり、そのやり方とは体験の流れとの関わり方や関係のとり方を含んでいると考えられる。

　体験過程の様式としてジェンドリンは、直接性（リアルに感じているか）、現前性（今を感じているか）、細部の新鮮な豊かさ（瞬間の体験が新鮮な細部に満ちているか）、変容可能性（状況において変化を受けるか）、などを挙げており、このような様式を欠くときに体験過程は構造に拘束されていると考えられる。

フェルトシフト（felt shift）

　フェルトセンスにリファー（照合）し、体験の流れと言葉との相互作用により、暗々裡の体験が象徴化されることで、フェルトセンスの感じ方が変化することを、フェルトシフトと呼んでいる。フォーカシング・セッションでは、このような小さなフェルトシフト（体験的一歩）が繰り返し起こる中で、気づきが生まれ、自分への理解が深まっていく。体験過程理論では、このフェルトシフトは「推進」と言われ、シフトが起こることで、クライエントはより本来的な自

分の感覚を実感することができ、自己実現へと向かうことになる。ただし、フォーカシング・セッションにおいてフェルトシフトが起こることがあるが、これは常にそうなるものではなく、そのような変化を求めてフォーカシングを行うことは、本来の姿ではない。フォーカシングは、あくまでもクライエントの体験の流れに沿うのが原則であり、その場の状況（クライエントの体験への関わり、セラピスト－クライエントのおかれた関係性など）により、自然に微かな変化（小さな一歩）が生じることがある、という程度である。

フォーカシング的態度 （focusing attitude/attitudes）

　フォーカシング的態度とは、フォーカシングにおいてフォーカサーが自分のフェルトセンスに関わる際の態度の総称である。例えば、フェルトセンスに対して、「迎え入れる」「評価や批判なしに耳を傾ける」「共にいる」「やさしい好奇心をもつ」などであり、やさしく注意を向けつつ、適度な距離を保ち、ありのままに受け取れる態度のことである。このようなフォーカシングを行う際に「フェルトセンス」にどのように向き合うかという「つきあい方」は、日常の自分への態度としても大切であり、このような態度が取れることは、日常的な生活における精神的な健康との関連も指摘されている（青木、2015）。

リファー （refer）

　池見によるとジェンドリンは、「いつでも内的に感じられたある素材に直接注意を向けそれにリファー（照合する）することができる」と述べている。つまり、リファーとは、内的に感じられた感覚（フェルトセンス）に注意を向け、「照合する」ということである。ただし、池見によるとこれを照合すると表現すると、そこに含まれる注意を向ける、そこにあるものを感じる、指し示す、といったニュアンスが伝わりにくいので（Gendlin, 1664/1999, p.178）、「リファー」とそのまま表現されている。そしてリファーされる内的な体験対象をレファレントと呼ぶ。これは元来言語学の用語であるレファレント（referent）から来た術語であり、言葉とその語が指し示すものとの関係性を含んでいる。そして、体験過程において、フェルトセンスが直接的にリファーされるという様式を「直接のレファレント」と名づけている。

文献

青木剛（2015）：フォーカシングとフォーカシング的態度．心理相談研究（京都橘大学心理臨床センター），1，3-9．

近田輝行（2015）：プロセスとしての共感的理解．野島一彦（監修）．ロジャーズの中核三条件共感的理解．創元社．

Cornell, A. W. (1994): *The Focusing Student's Manual* (Third Editon). Berkeley,CA: Focusing Resources.（村瀬孝雄（監訳）（1996）．フォーカシング入門マニュアル（第3版）．金剛出版）

Cornell, A. W. (2013): *Focusing in Clinical Practice: The Essence of Change*. New York:W W Norton & Co. Inc.（大澤美枝子・木田満理代・久羽康・日笠摩子（訳）（2014）：臨床現場のフォーカシング―変化の本質―．金剛出版）

土井晶子（2006）：フォーカシング指向心理療法における「体験的傾聴」の特質と意義―語りに「実感」が伴わないクライエントとの面接家庭から―．人間性心理学研究，24（1），11-22．

Gendlin, E. T. (1964): A Theory Personality Change. In P. Worchel & D. Byrne (Eds.) *Personality Change*. New York: John Wiley, pp.100-148.（池見陽・村瀬孝雄（訳）（1999）：人格変化の一理論．セラピープロセスの小さな一歩―フォーカシングからの人間理解―．金剛出版．

Gendlin, E. T. (1981): *Focusing*. New York: Bantam Books.（村山正治・都留春夫・村瀬孝雄（訳）（1982）：フォーカシング．福村出版）

Gendlin, E. T. (1995): Crossing and dipping: Some terms for approaching the interface between natural understanding and logical formulation. *Mind and Machines*, 5(4), 547-560.

Gendlin, E. T. (1996): *Focusing-Oriented Psychotherapy: A Manual of the Experiential Method*. New York: Gilford Press.（村瀬孝雄・池見陽・日笠摩子（監訳）（1998）：フォーカシング指向心理療法上巻―体験過程を促す聴き方―．）（村瀬孝雄・池見陽・日笠摩子（監訳）（1999）：フォーカシング指向心理療法下巻―心理療法統合のために―．金剛出版）

保坂亨（1997）：第2章　ロジャーズの治療理論．久能徹・末武康弘・保坂亨・諸富祥彦　ロジャーズを読む．岩崎学術出版社．

市倉加奈子・鈴木伸一（2013）：医療場面への適用．熊野宏昭・村瀬嘉代子（編）特集　対人援助職の必須知識　認知行動療法を知る．臨床心理学，13（2），227-233．

池見陽・田村隆一・吉良安之・弓場七重・村山正治（1986）：体験過程とその評定―EXPスケール評定マニュアル作成の試み―．人間性心理学研究，4，50-64．

池見陽（1997）：セラピーとしてのフォーカシング―3つのアプローチの検討―．心理臨床学研究，15（1）．13-23．

池見陽（1998）：監訳者解説．村瀬孝雄・池見陽・日笠摩子（監訳）フォーカシング指向心理療法上巻―体験過程を促す聴き方―．金剛出版．

池見陽（編著）（2016）．傾聴・心理臨床学アップテートとフォーカシング．ナカニシヤ出版．

Ikemi, A. (2017): The radical impact of experiencing on psychotherapy theory: An examination of two kinds of crossings. *Person-Centered & Experiential Psychotherapies*,16, 159-172.（池見陽（訳）（2017）：体験過程が心理療法に及ぼす根本的なインパクト―二種の交差の検討―.）(https://doi.org/10.1080/14779757.2017.1323668)

伊藤研一・西澤善子（2016）：主体から切り離された身体感覚とフェルト・センス．学習院大学人文，15，57-69．

吉良安之（2010）：セラピスト・フォーカシング―臨床体験を吟味し心理療法に活かす―．岩崎学術出版社．

吉良安之（2015）：カウンセリング実践の土台作り―学び始めた人に伝えたい心得・勘どころ・工夫―．岩崎学術出版社．

久保田進也・池見陽（1991）：体験過程の評定と単発面接における諸変数の研究．人間性心理学研究，9，53-66.

久能徹・末武康弘・保坂亨・諸富祥彦（1997）：ロジャーズを読む．岩崎学術出版社．

紅林伸幸（1989）：社会科―間主観性と認知発達の交錯―共生社会の基礎理論―．教育社会学研究，45，109-122.

増井武士（1990）：フォーカシングの臨床適用に関する考察―その新しい視点と将来的な課題について―．人間性心理学研究，8，56-65.

増井武士(1994):治療関係における「間」の活用―患者の体験に視座を据えた治療論―．星和書店．

森川友子（2010）：身体症状へのフォーカシング的取り組みに対する一考察―「それはフォーカシングか」という議論に関して―．人間性心理学研究，28（1）．35-47.

椛田容世（2007）：抑うつと二重の喪失体験―罪悪感・エディプス葛藤・性徴不全―．松木邦裕・賀来博光（編）抑うつの精神分析的アプローチ―病理の理解と心理療法による援助の実際―．金剛出版．pp.73-92.

永野浩二（2015）：feelingをベースとする共感的理解．野島一彦（監修）ロジャーズの中核三条件　共感的理解．創元社．

成田善弘（2003）：セラピストのための面接技法―精神療法の基本と応用―．金剛出版．

新村出（編）（1998）：広辞苑　第五版．岩波書店．

Rogers, C. R. (1957): Process of Counseling and psychotherapy. Boston,MA: Houghton Mifflin.（伊東博（編訳）（1966）：ロージァズ全集第4巻　サイコセラピーの過程．岩崎学術出版社）

Rogers, C. R. (1964): Toward a Modern Approach to Values: The Valuing Process in the Mature Person. *Journal of Abnormal and Social Psychology*, 68(2), 160-167.（伊藤博・村山正治(訳)(2001)：価値に対する現代的アプローチ―成熟した人間における価値づけの過程―．ロジャーズ選集（上）．誠信書房）

Rogers, C. R. (1986): A Client-centered / Person-centered Approach to Therapy, In Kutash, I. & Wolf, A. (Eds.), *Psychotherapist's Casebook*. San Francisco:Jossey-Bass.（伊藤博・村山正治（訳）(2001)：クライエント・センタード／パーソン・センタード・アプローチ．ロジャーズ選集（上）．誠信書房）

Stapert, M. & Verliefde, E (2008): Focusing with Children: The Art of Communicating with Children at School and at Home. UK: PCCS Books.（天羽和子（監訳）（2010）：子ども達とフォーカシング―学校・家庭での子ども達との豊かなコミュニケーション―．コスモス・ライブラリー．

田村隆一（1994）：体験過程レベルと治療関係―EXPスケールによる事例の分析と考察―．福岡大学人文論叢，26（2），391-402.

矢野キエ（2020）：関わりのなかで子どもを理解すること―保育者の応答と子どもの表現―．大阪キリスト教短期大学紀要，61，50-67.

初出

第4章

内田利広（2019）：抑うつ状態にある中年女性に対するフォーカシング指向心理療法－身体的な訴えに含まれるフェルトセンスに着目して－．人間性心理学研究，36（2）．

内田利広（うちだ・としひろ）

1993年、九州大学大学院博士後期課程単位取得後退学。博士（心理学）。臨床心理士。公認心理師。龍谷大学教授、京都教育大学名誉教授。専門は教育臨床心理学。所属学会は日本人間性心理学会、日本心理臨床学会、日本家族心理学会、日本フォーカシング協会など。現在、日本フォーカシング協会会長。
著書『学校カウンセリング入門』『学校カウンセリングの理論と実践』『臨床心理学への招待（第2版）』（いずれも共著、ミネルヴァ書房）、『生徒指導と教育相談』『スクールカウンセラーの第一歩』『人間性心理学ハンドブック』（いずれも共著、創元社）、『期待とあきらめの心理』（創元社）、『母と娘の心理臨床』（金子書房）など。

フォーカシング指向心理療法の基礎
カウンセリングの場におけるフェルトセンスの活用

2022年3月10日第1版第1刷　発行

著　者	内田利広
発行者	矢部敬一
発行所	株式会社 創元社

https://www.sogensha.co.jp/
本社 〒541-0047 大阪市中央区淡路町4-3-6
Tel.06-6231-9010 Fax.06-6233-3111
東京支店 〒101-0051 東京都千代田区神田神保町1-2田辺ビル
TEL.03-6811-0662

装丁・組版	寺村隆史
印刷所	株式会社 太洋社

© 2022, Printed in Japan　ISBN978-4-422-11778-2　C3011

〔検印廃止〕
落丁・乱丁のときはお取り替えいたします。定価はカバーに表示してあります。

JCOPY 〈出版者著作権管理機構 委託出版物〉
本書の無断複製は著作権法上での例外を除き禁じられています。複製される場合は、そのつど事前に、出版者著作権管理機構（電話 03-5244-5088、FAX03-5244-5089、e-mail: info@jcopy.or.jp）の許諾を得てください。